no 1

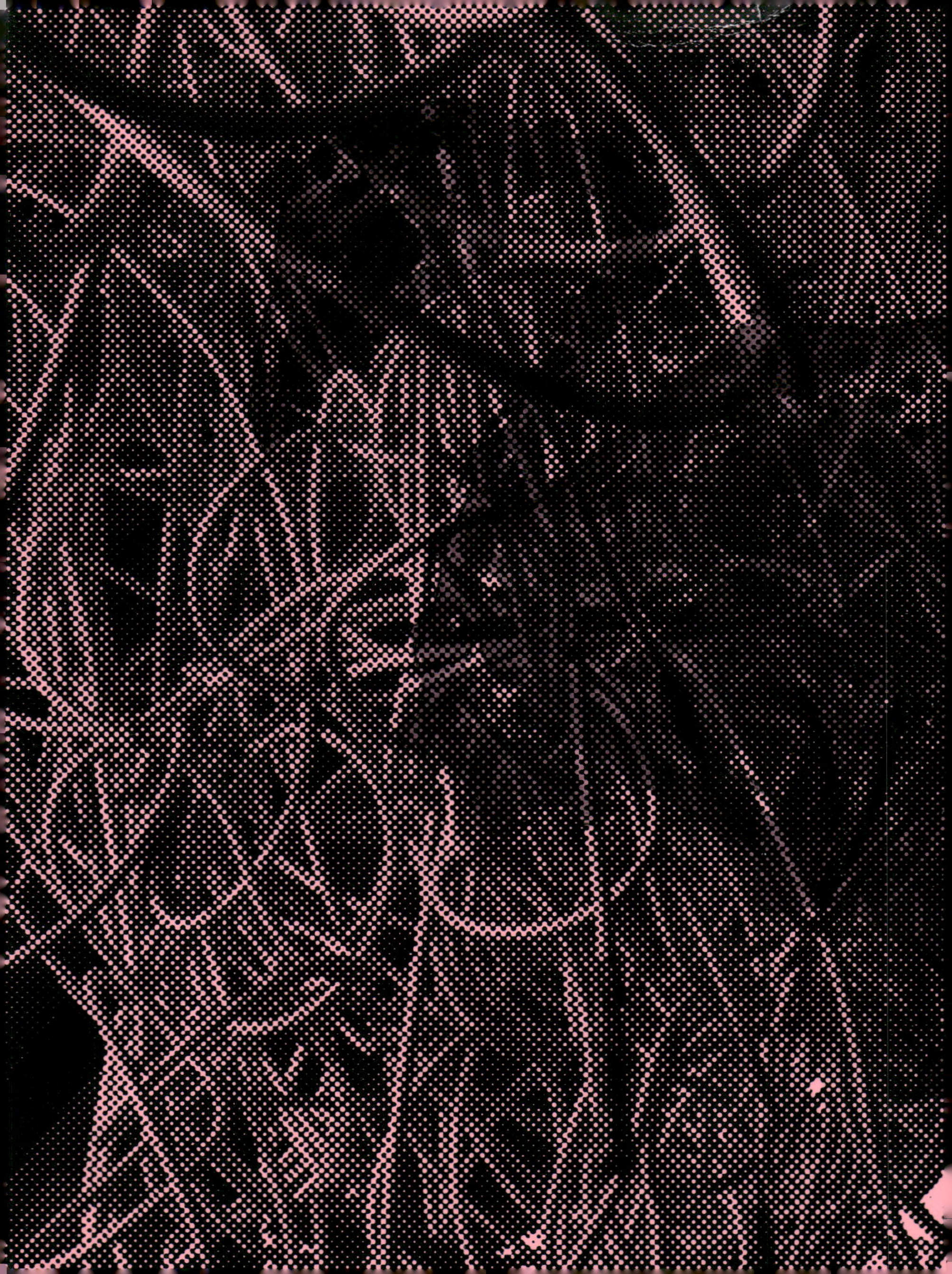

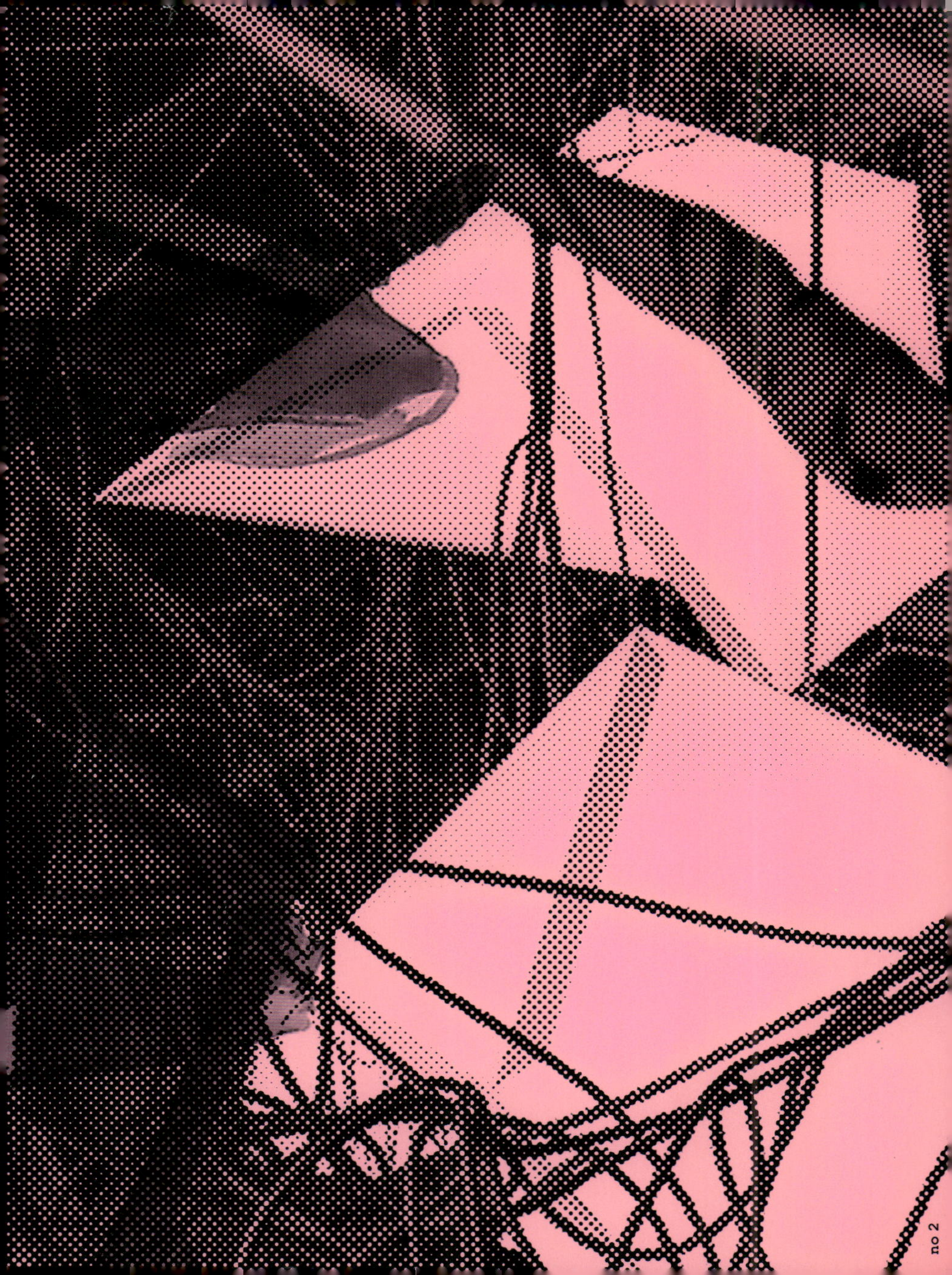

no 2

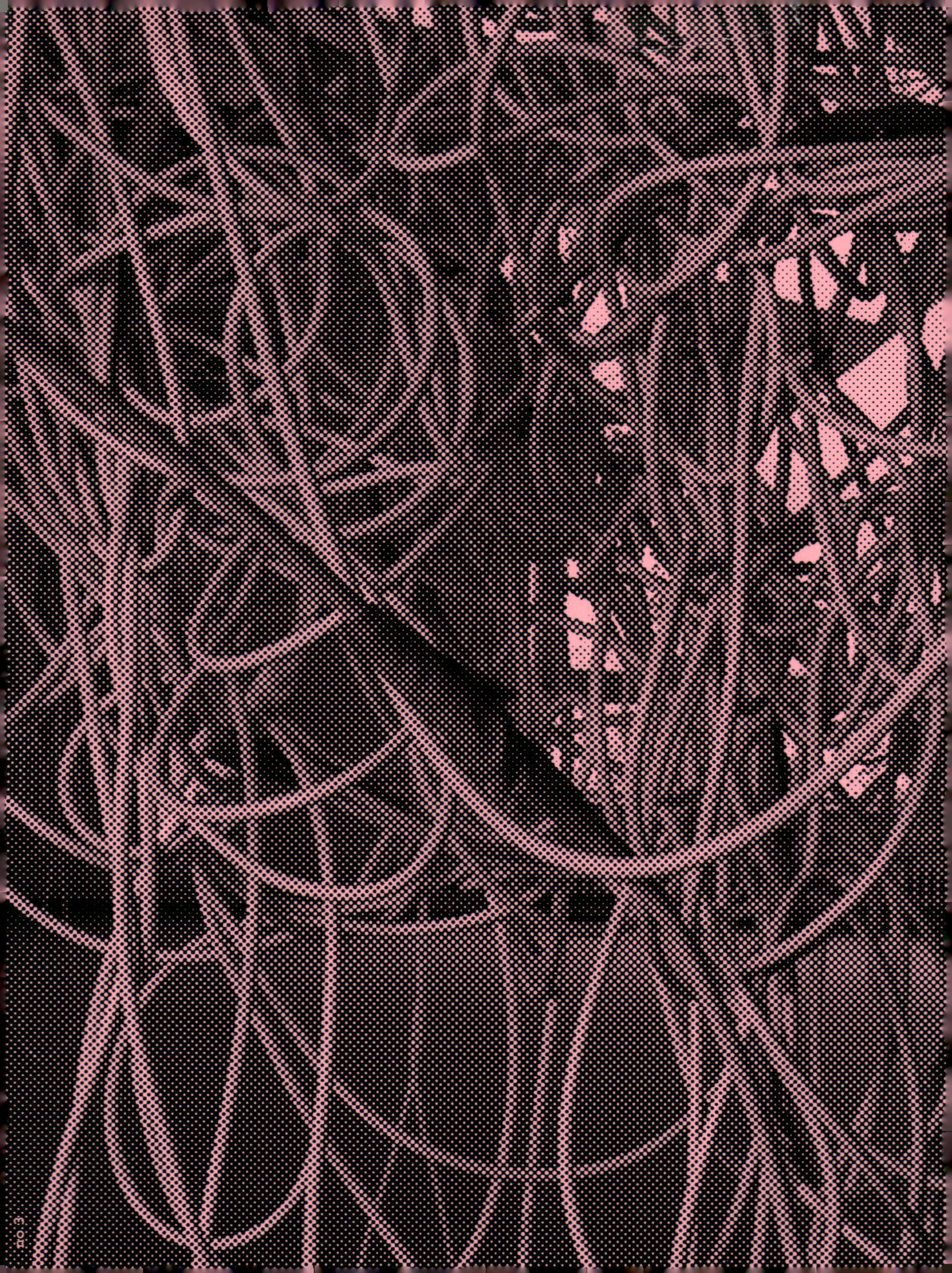
no 3

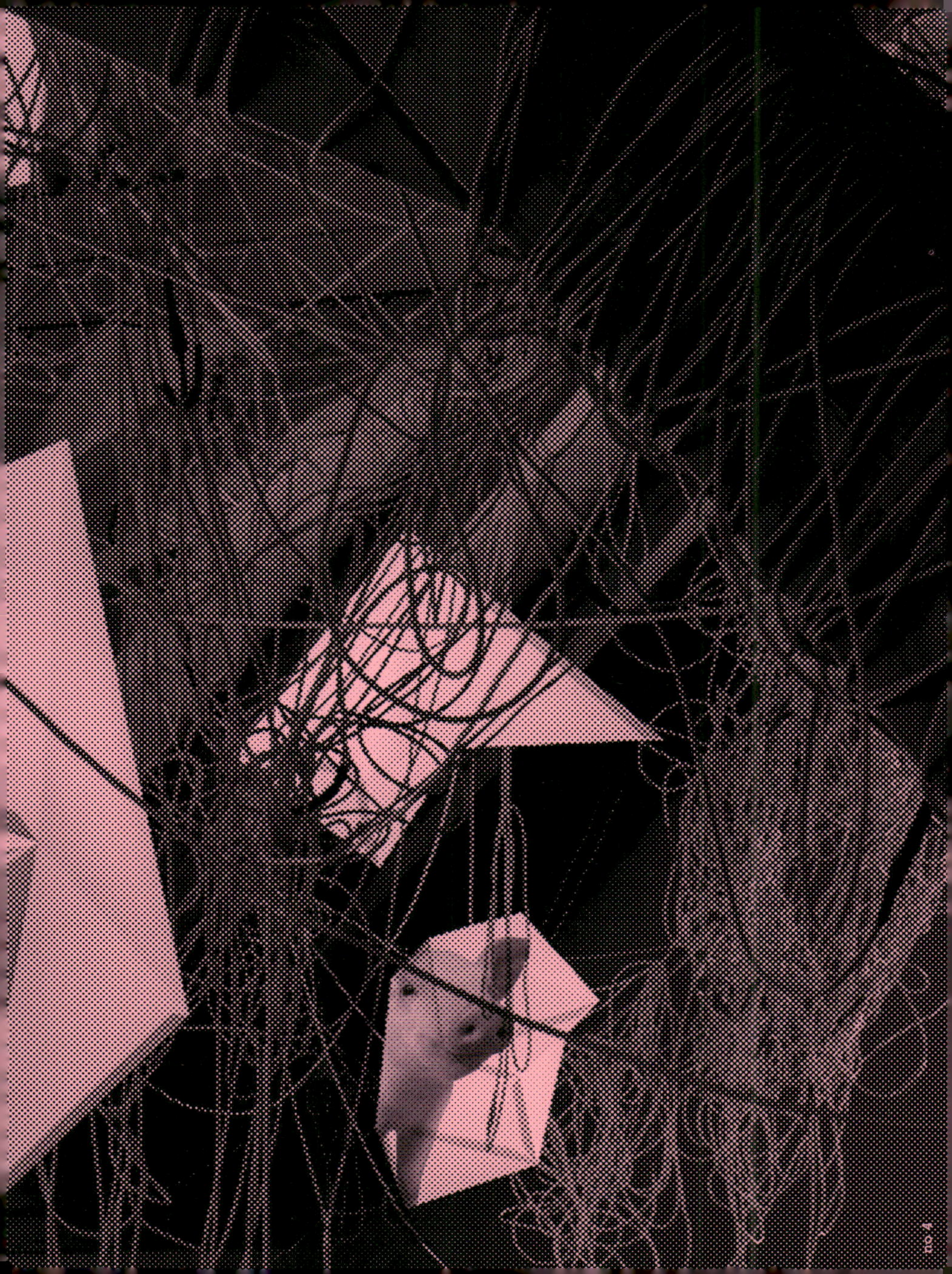

no 4

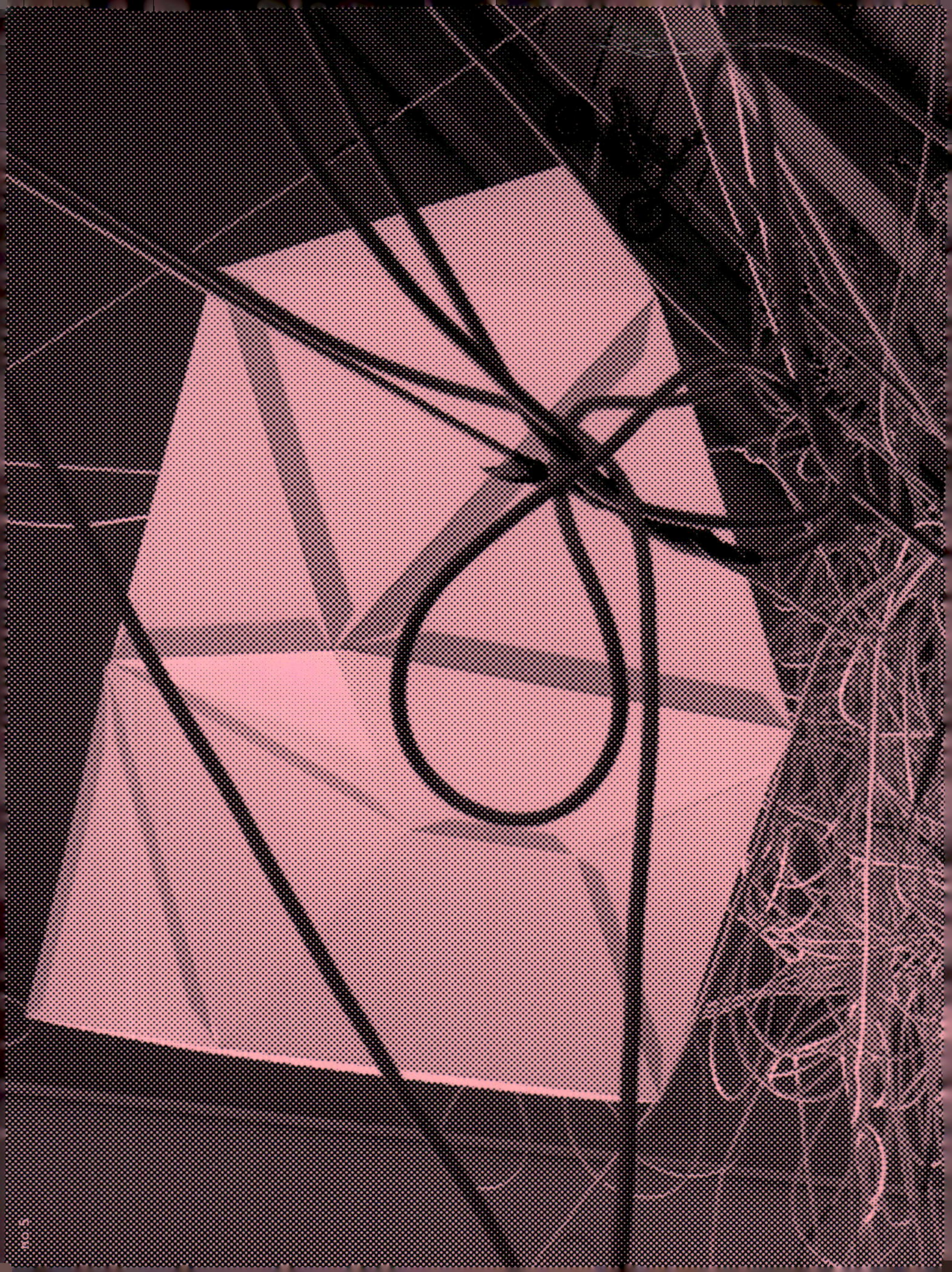
no.5

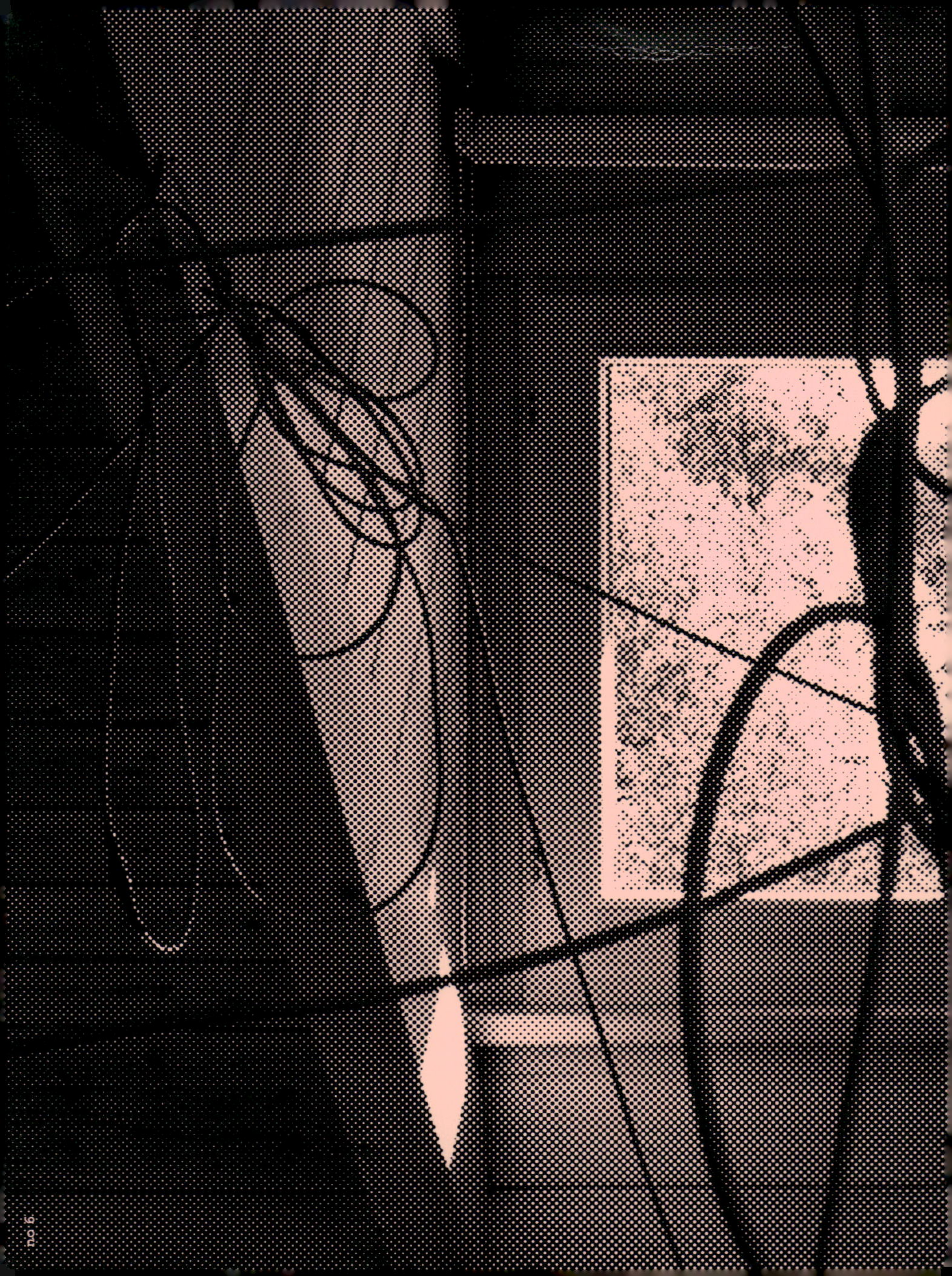

no 6

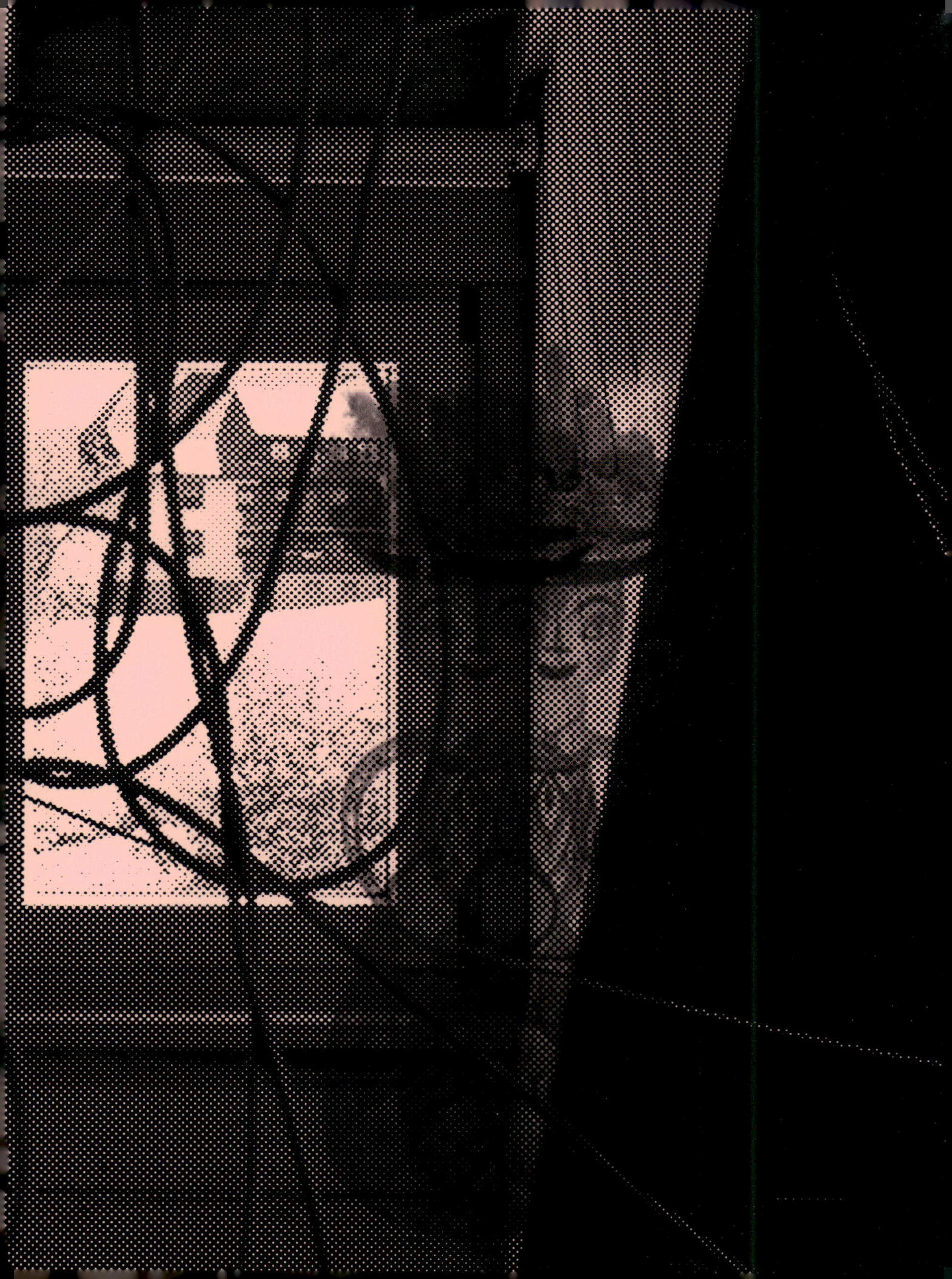

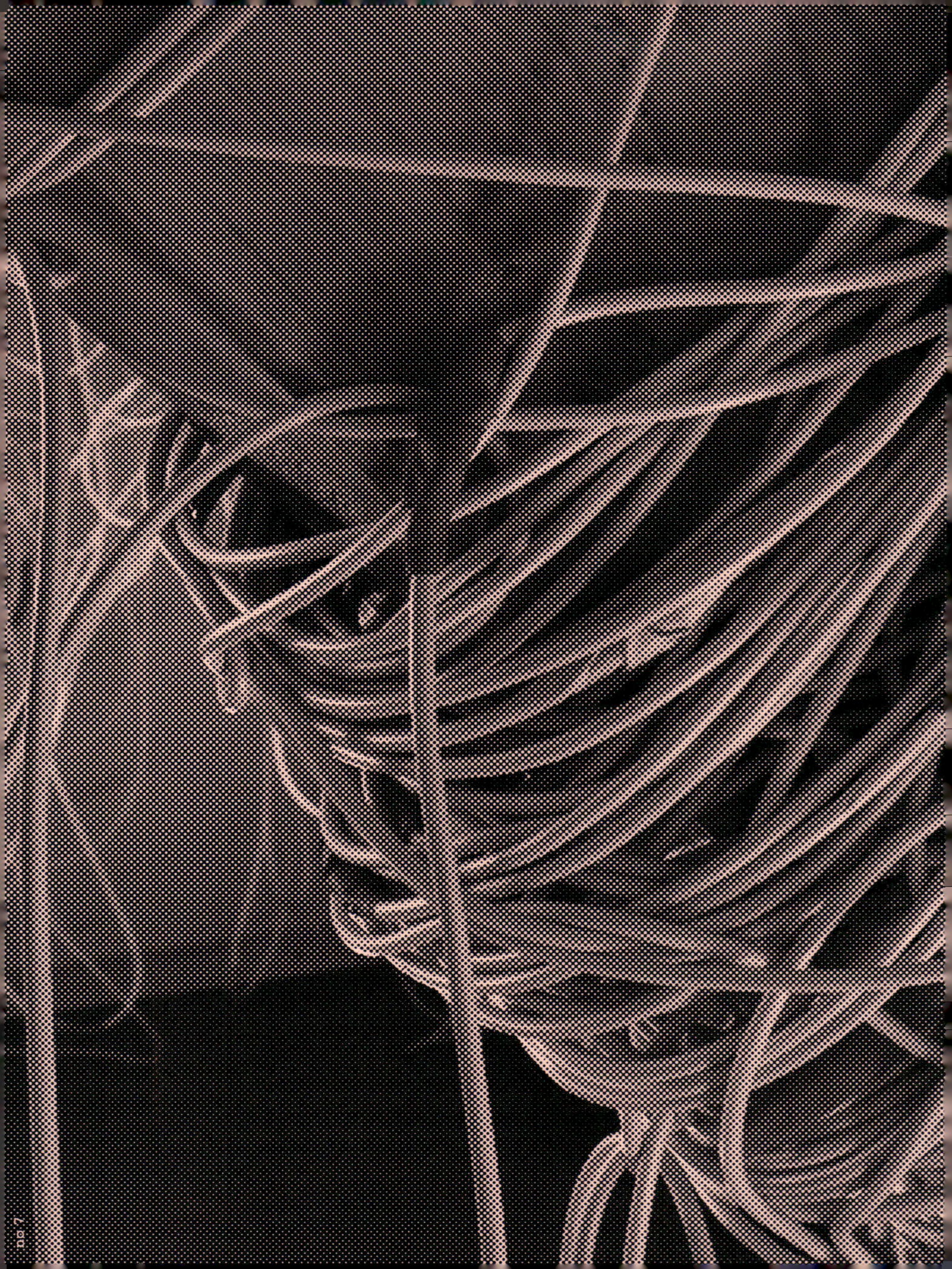

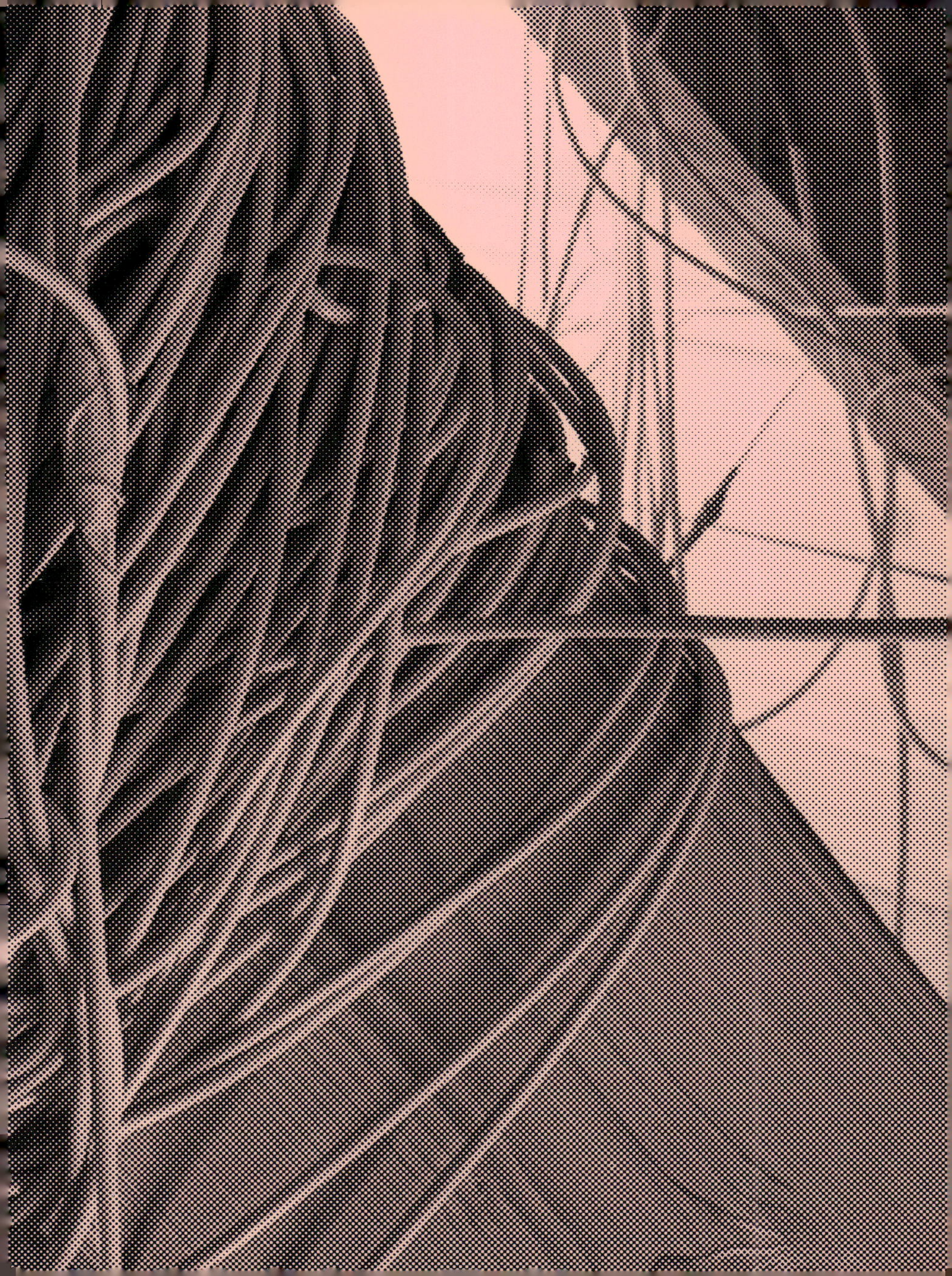

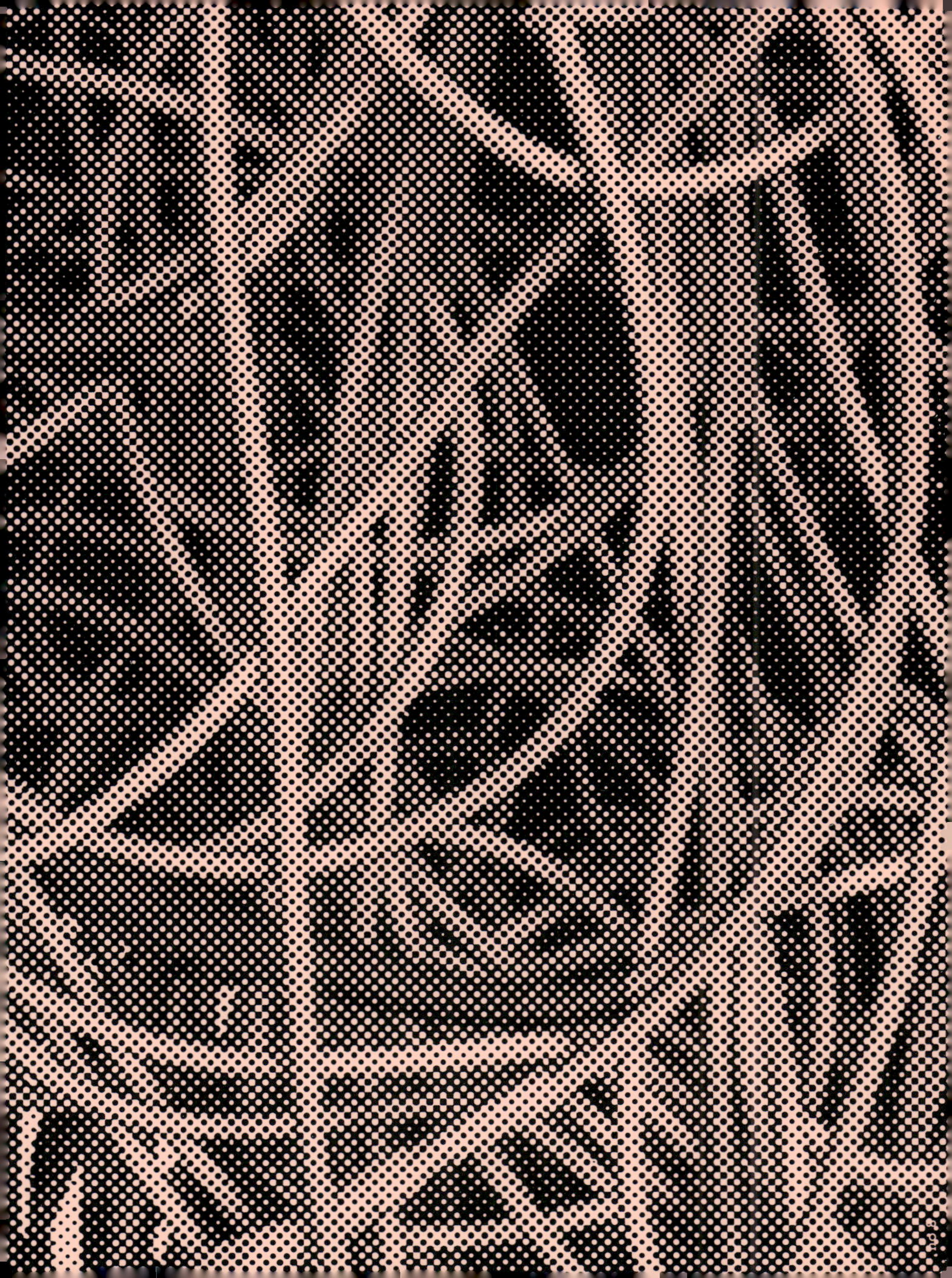

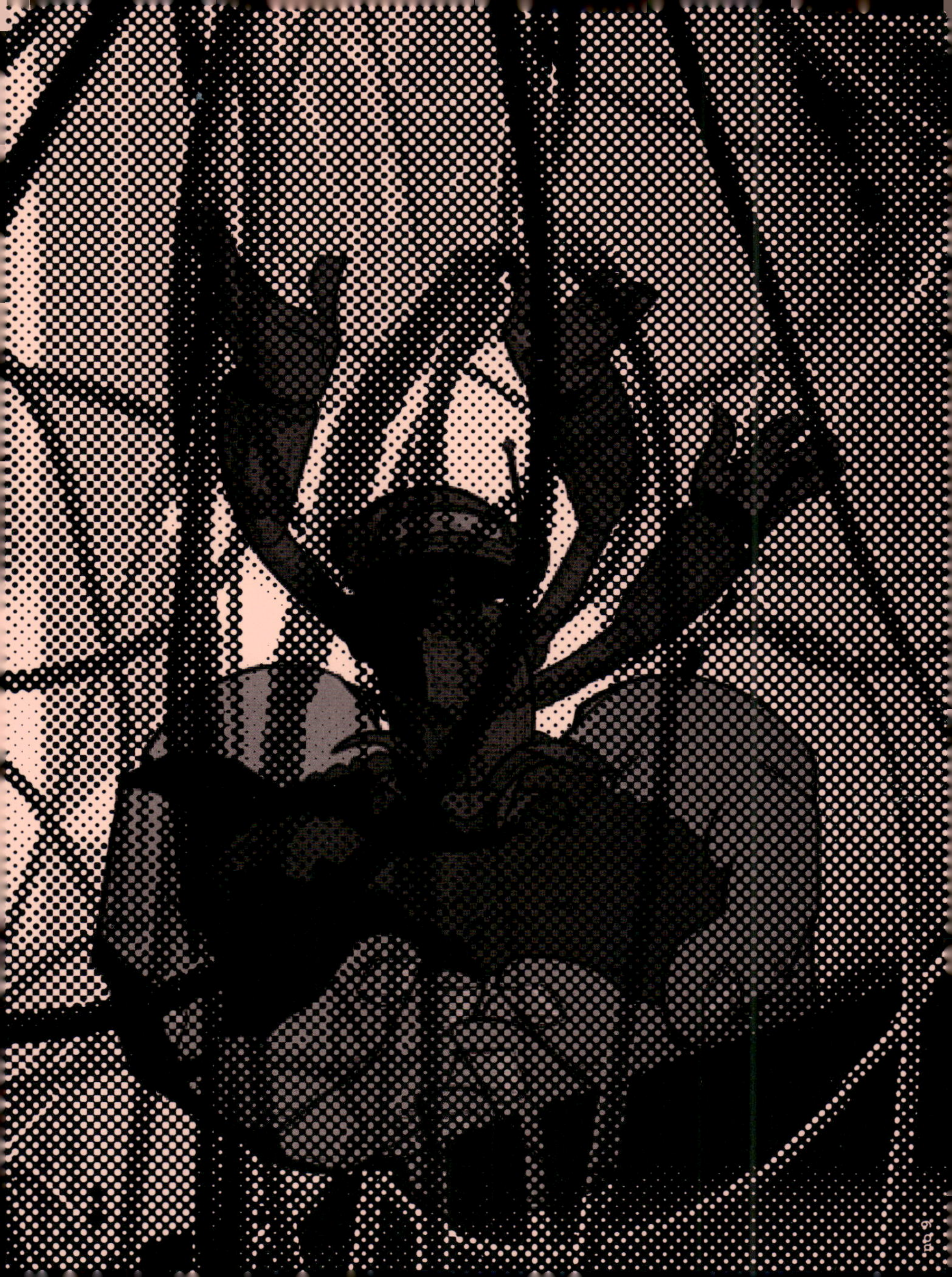

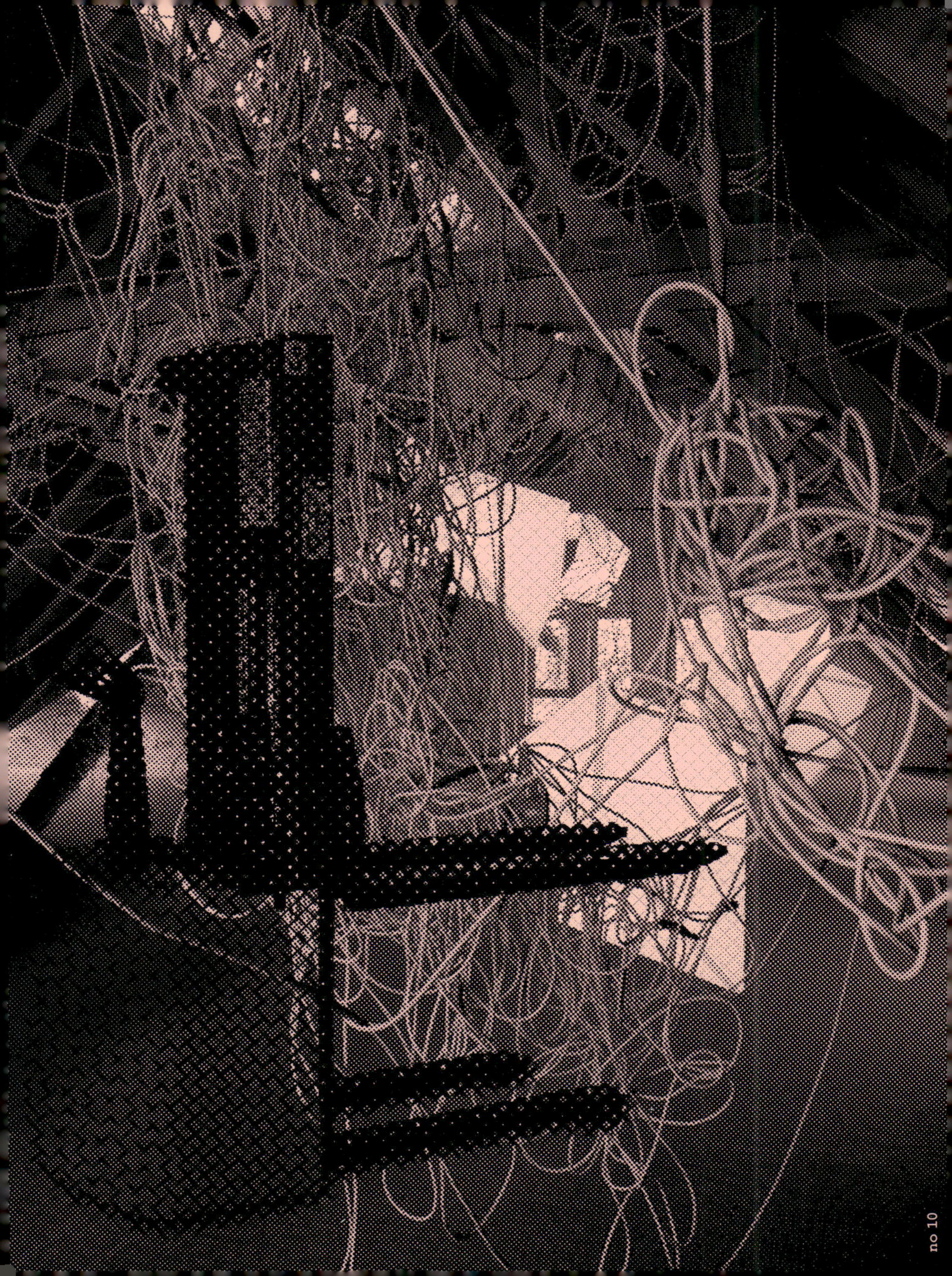

no 10

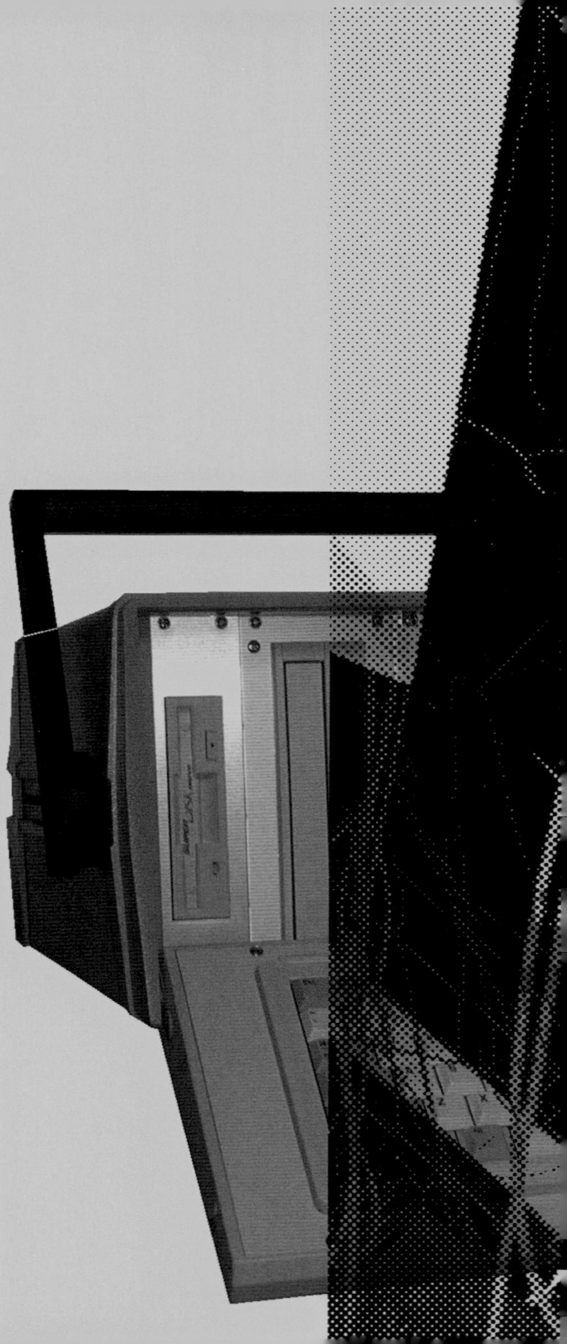

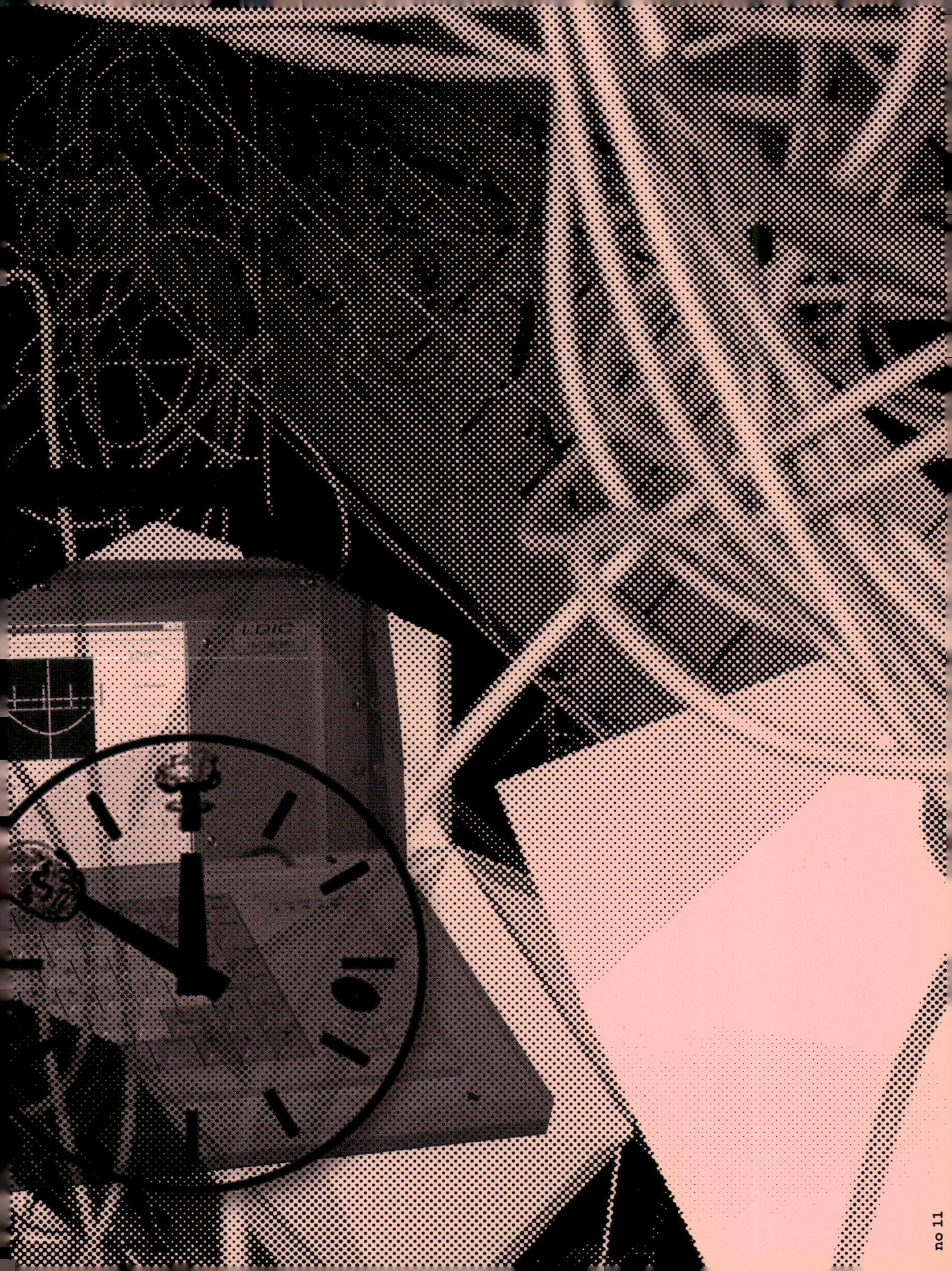

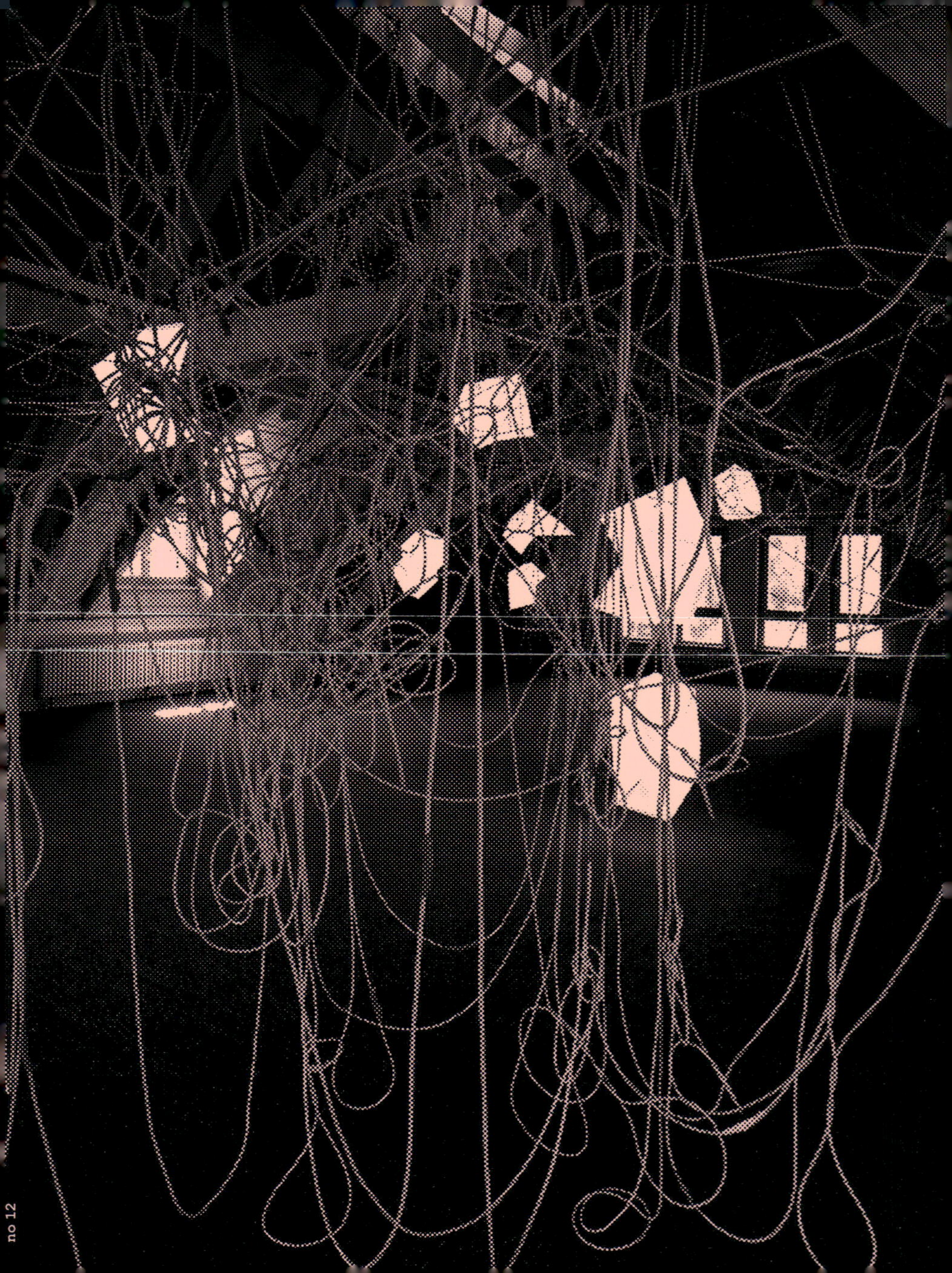

no 12

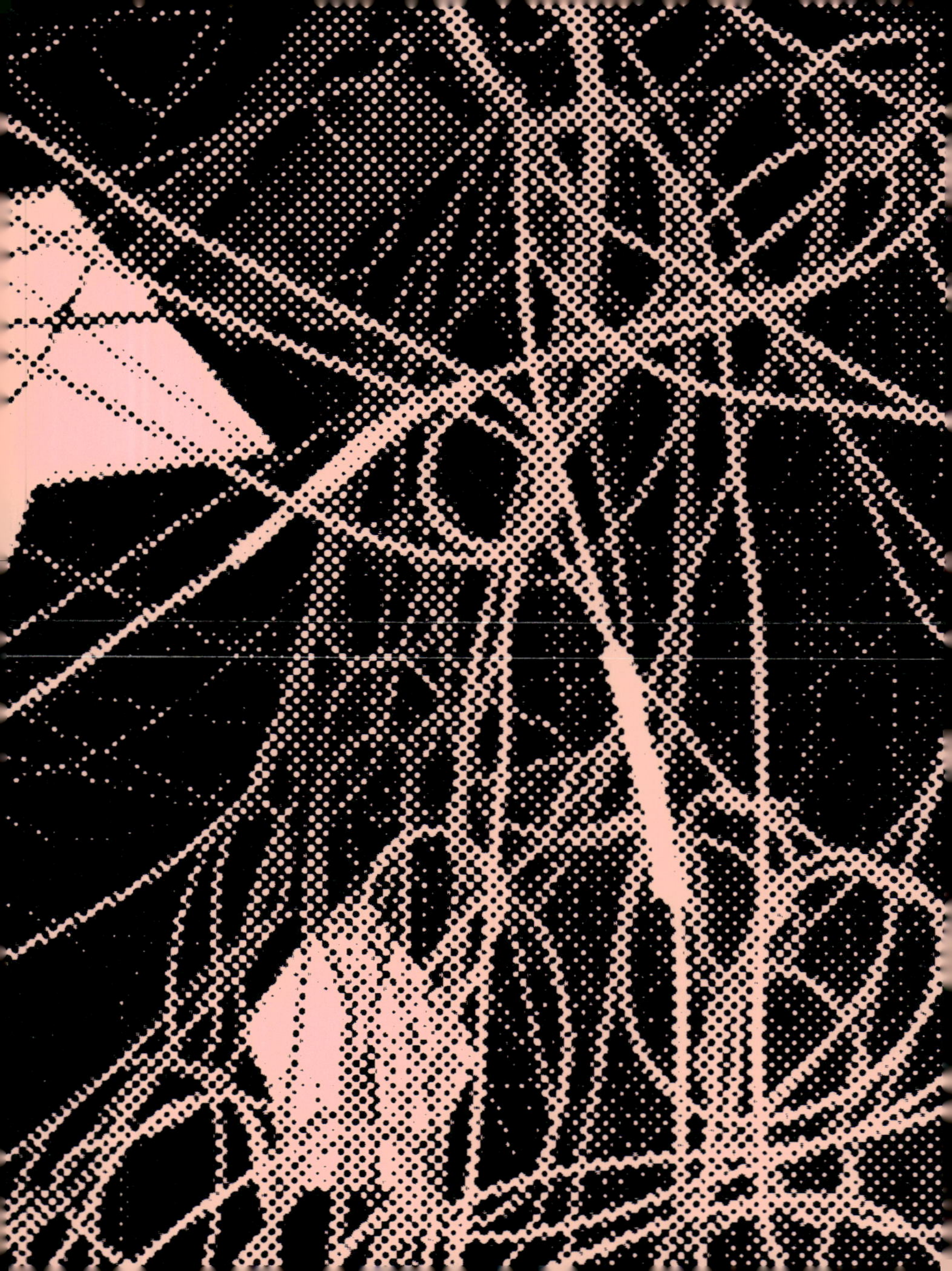

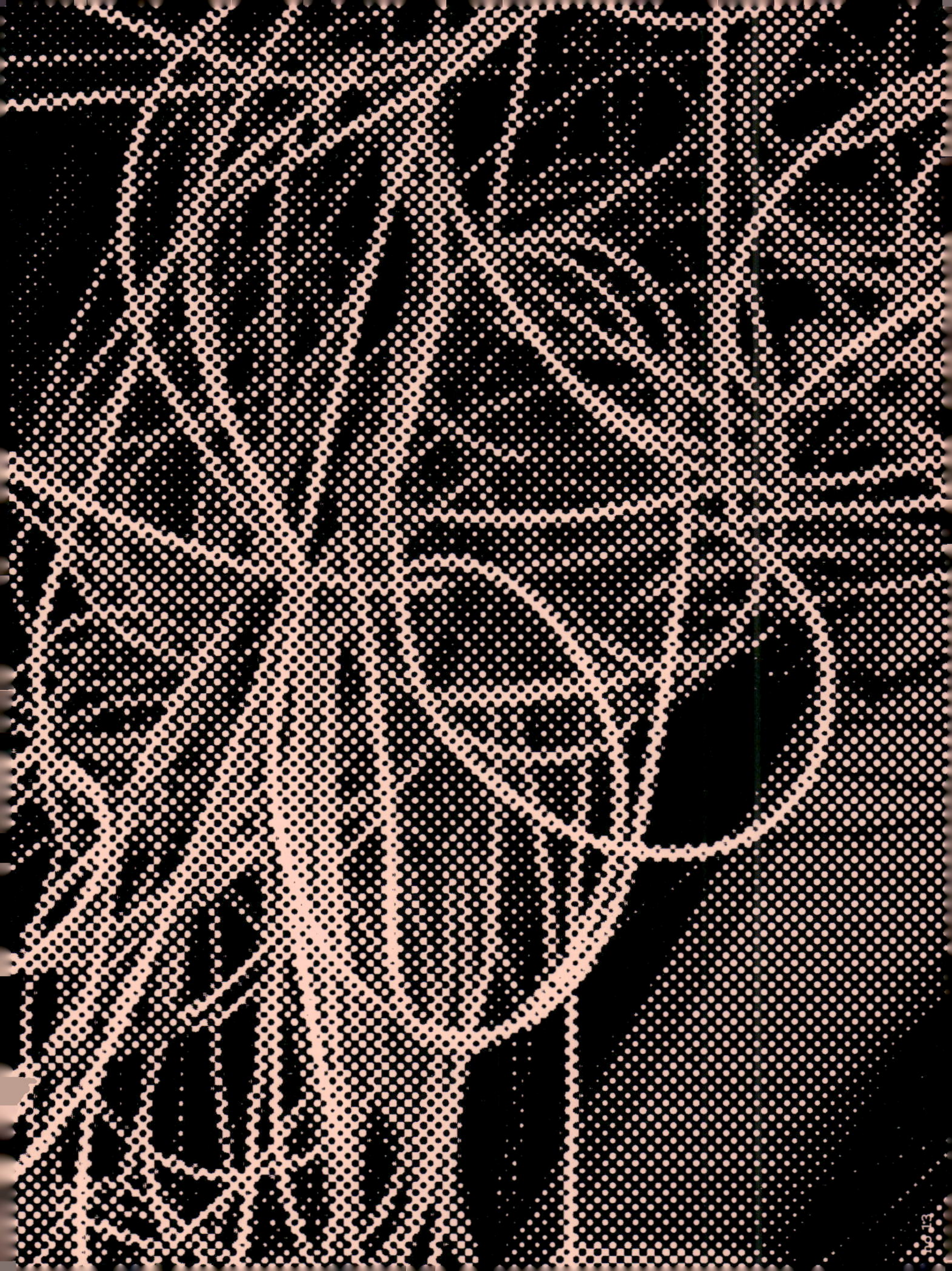

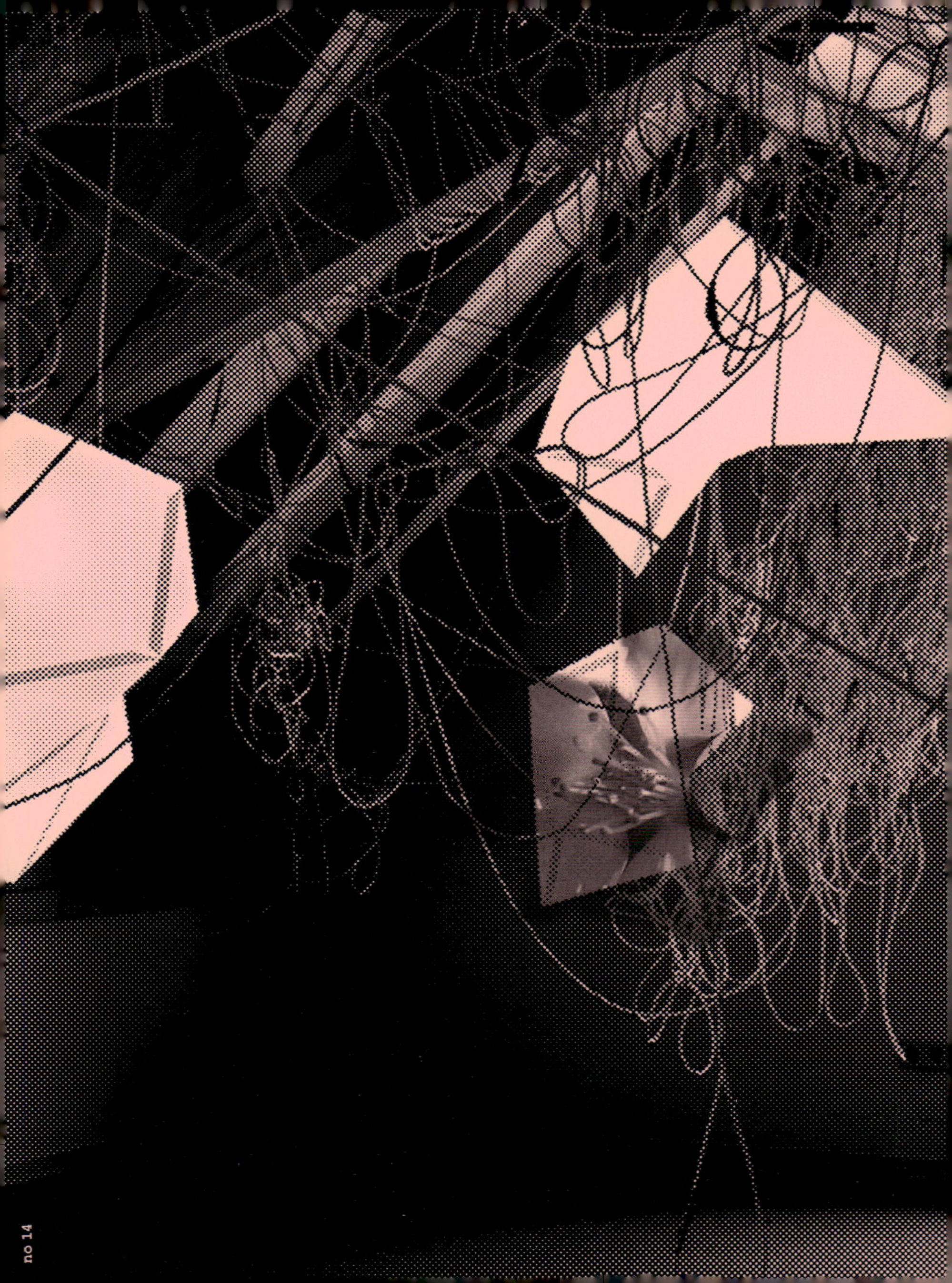

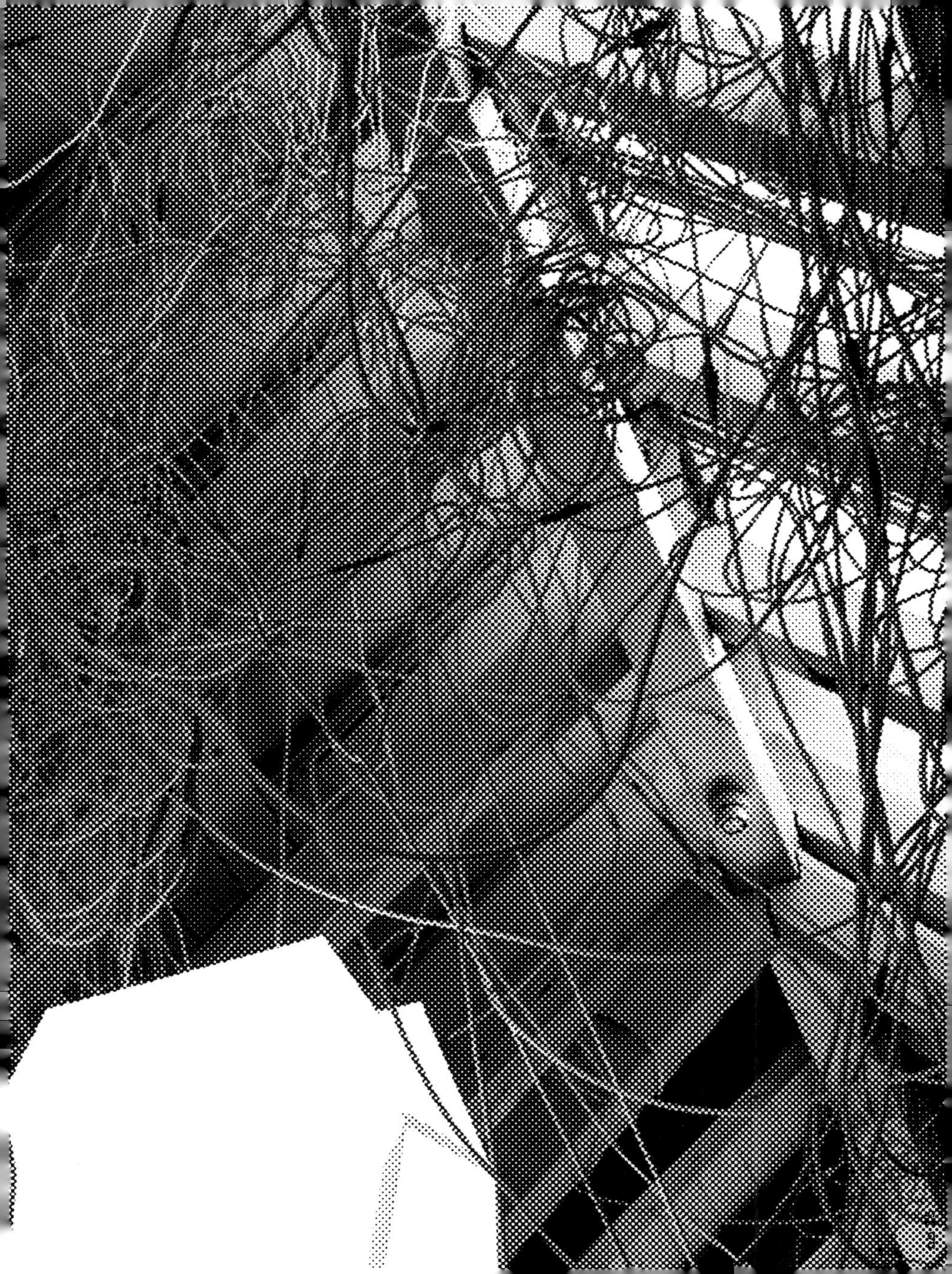

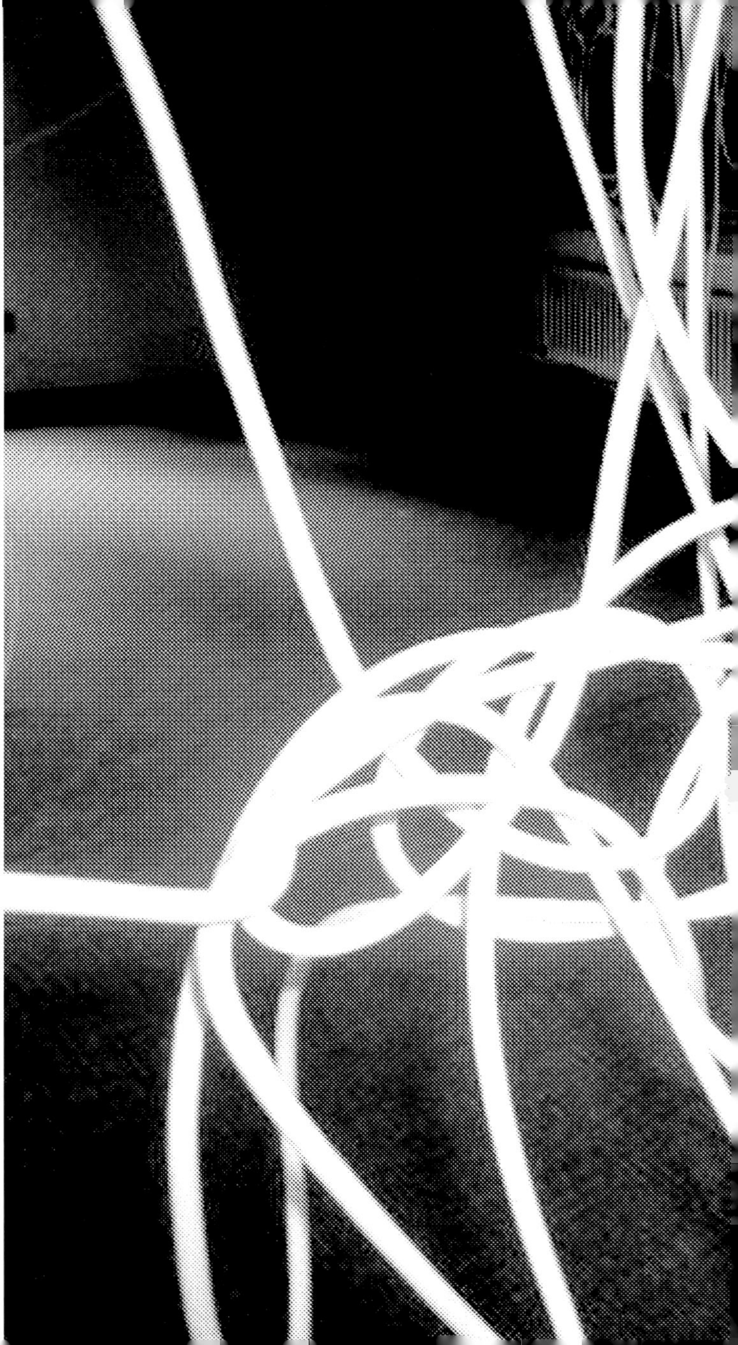

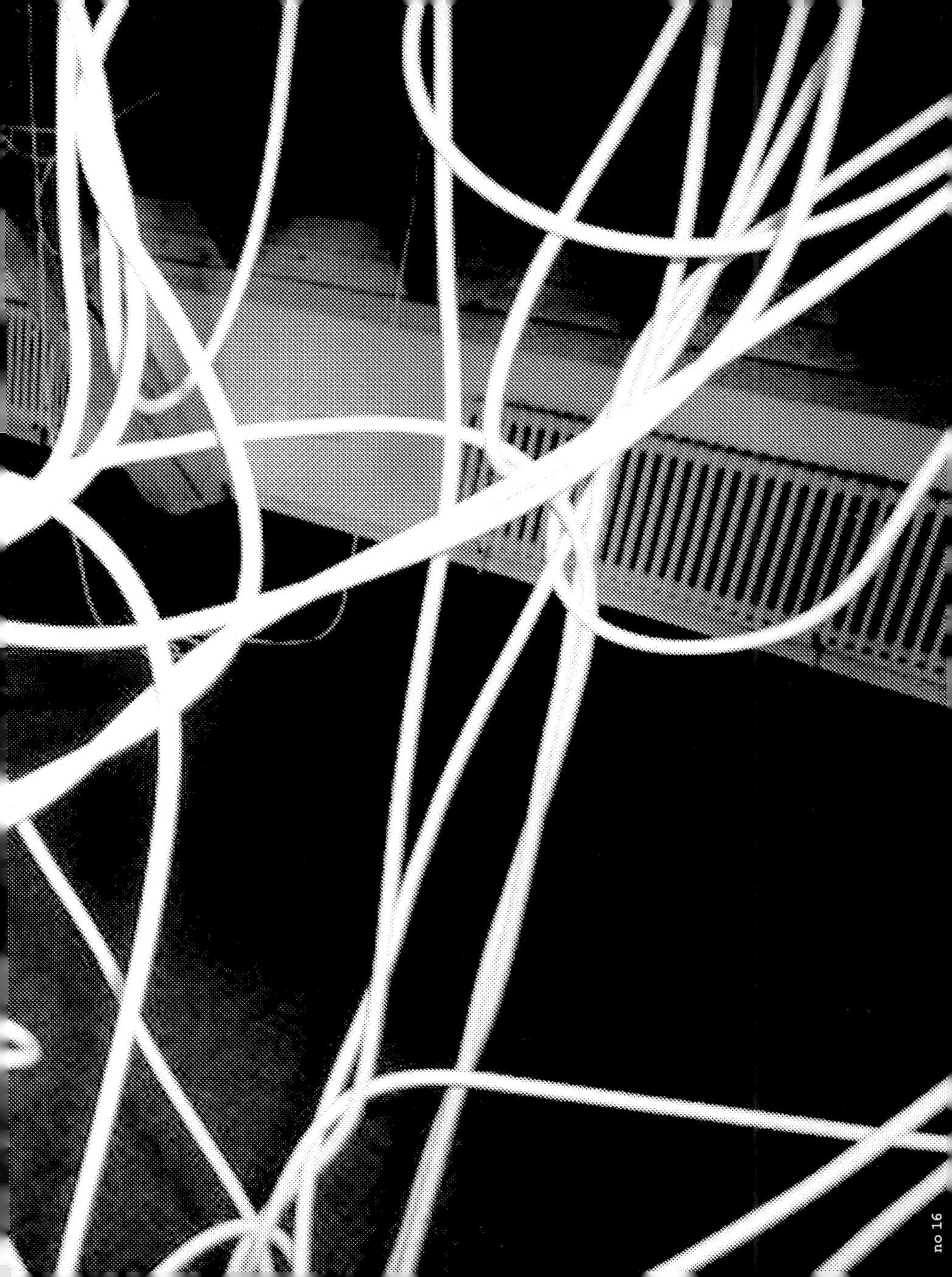

no 16

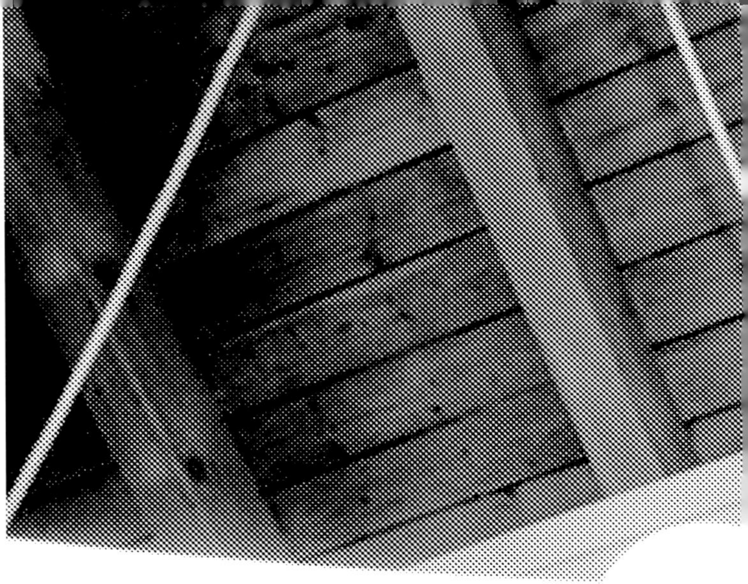

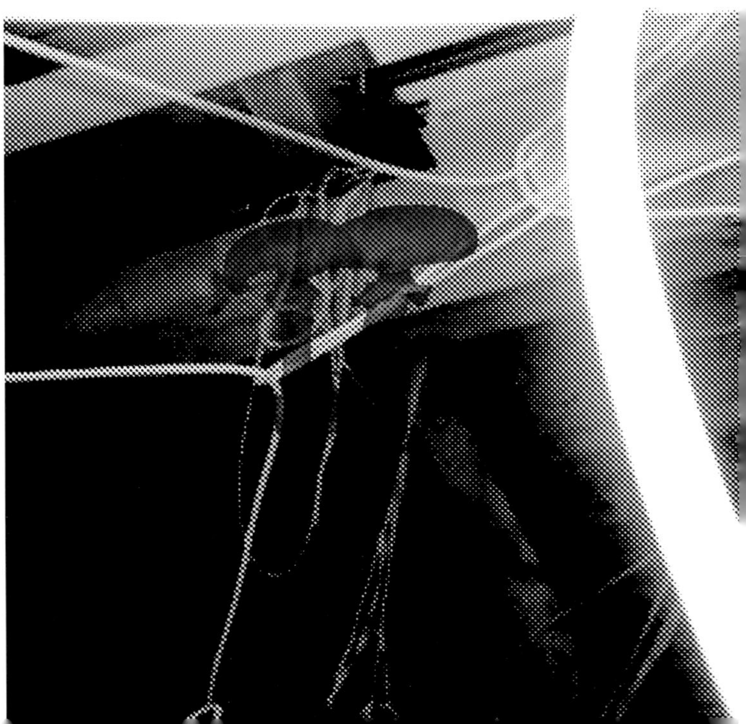

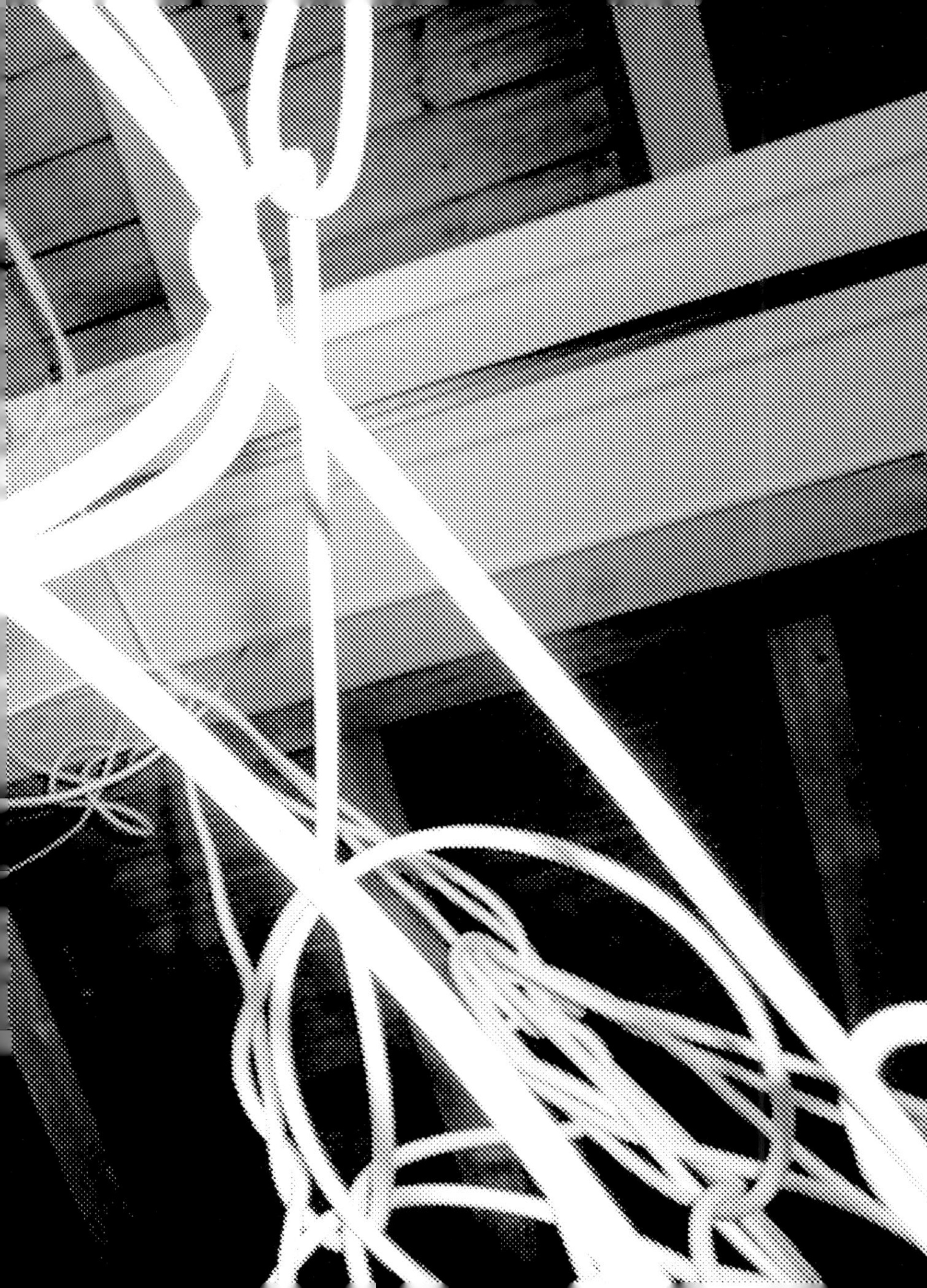

no 17

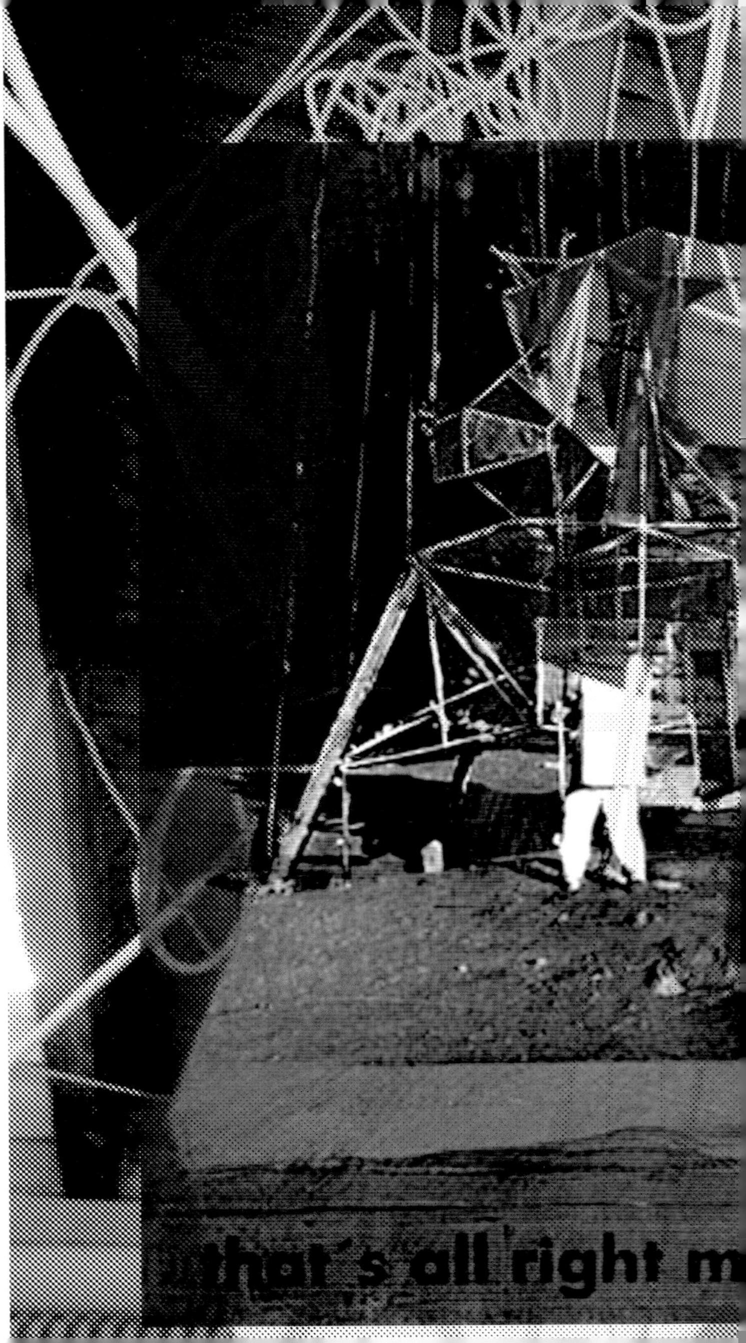

that's all right m

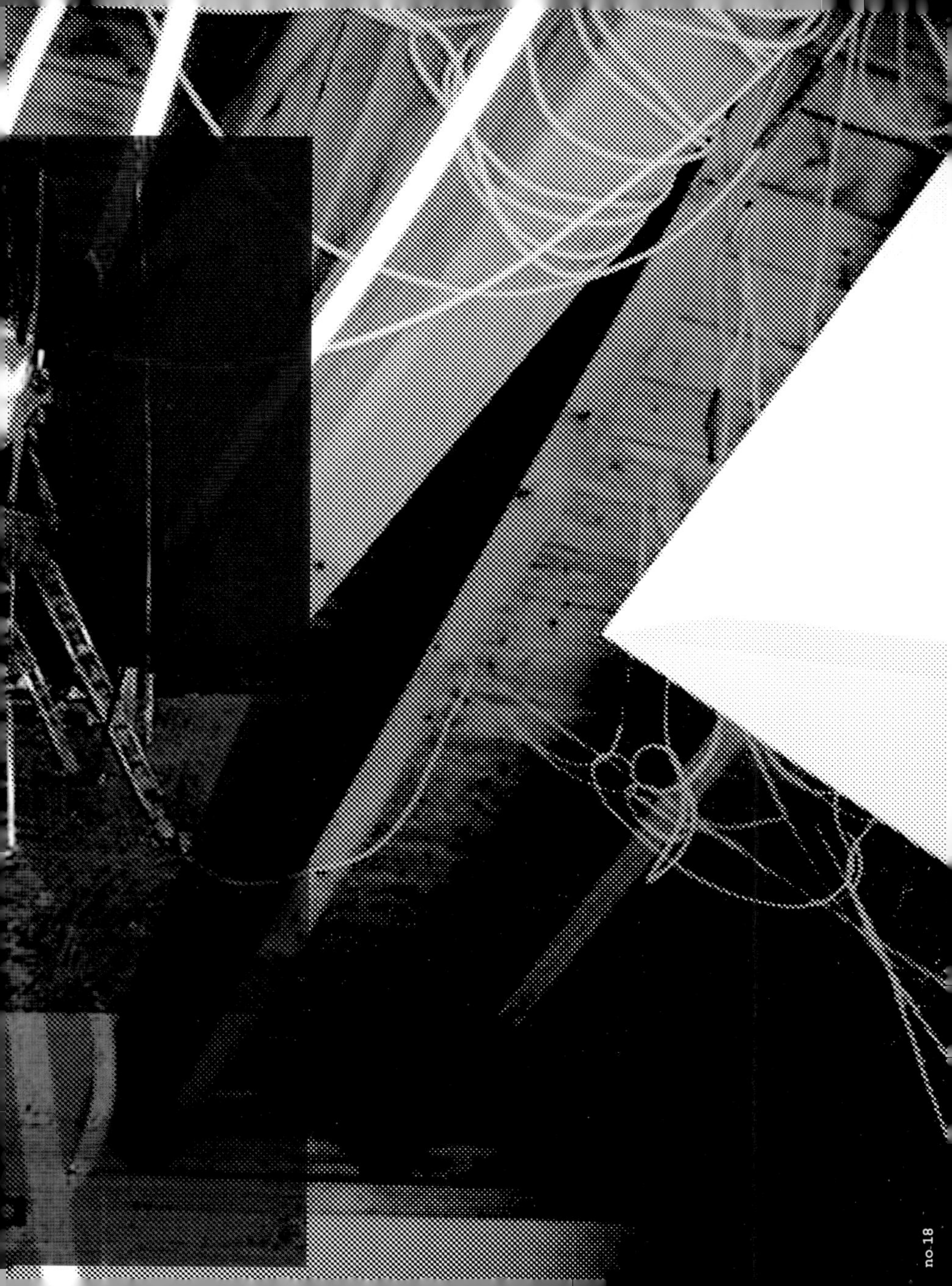
no.18

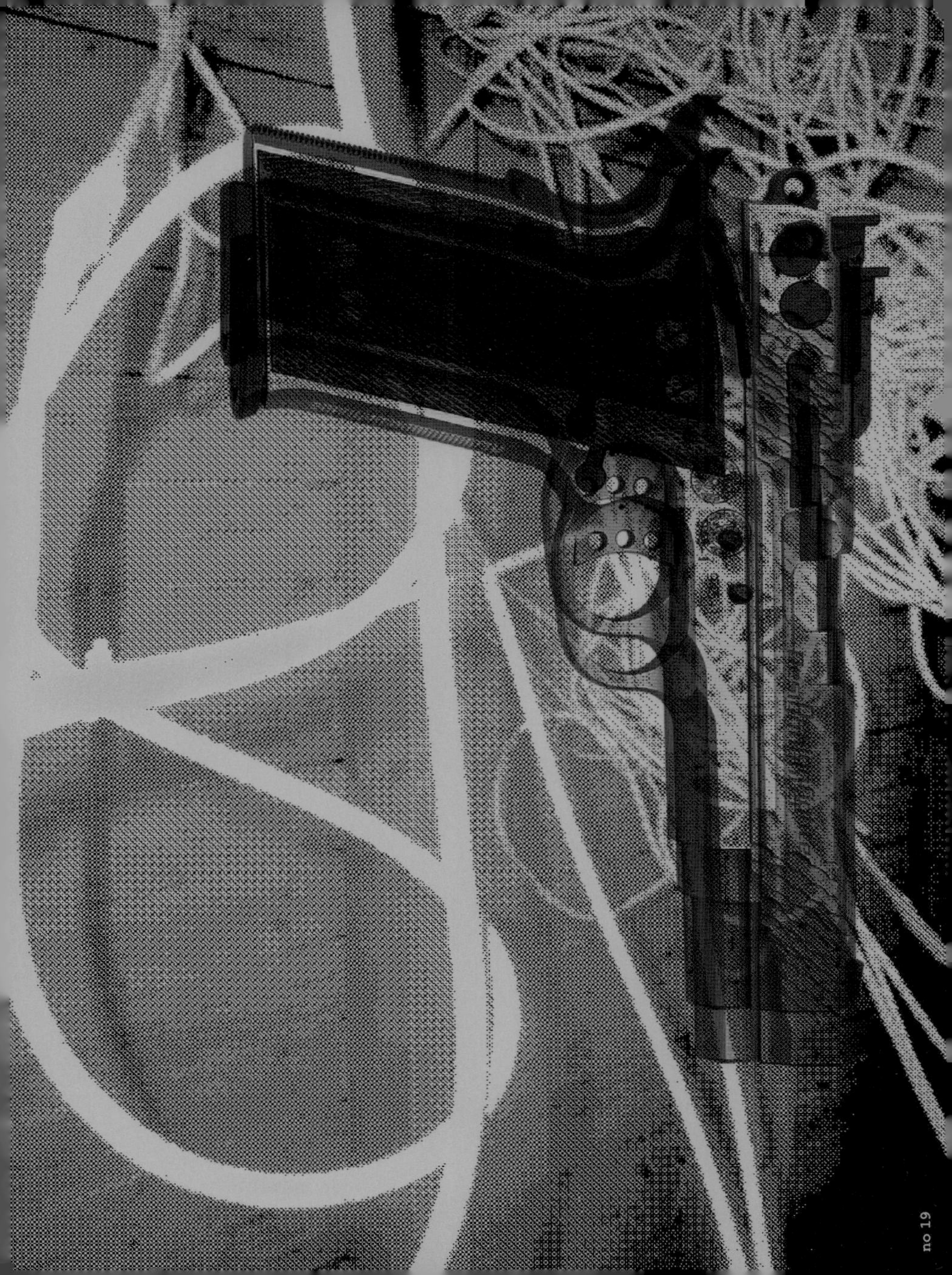
no 19

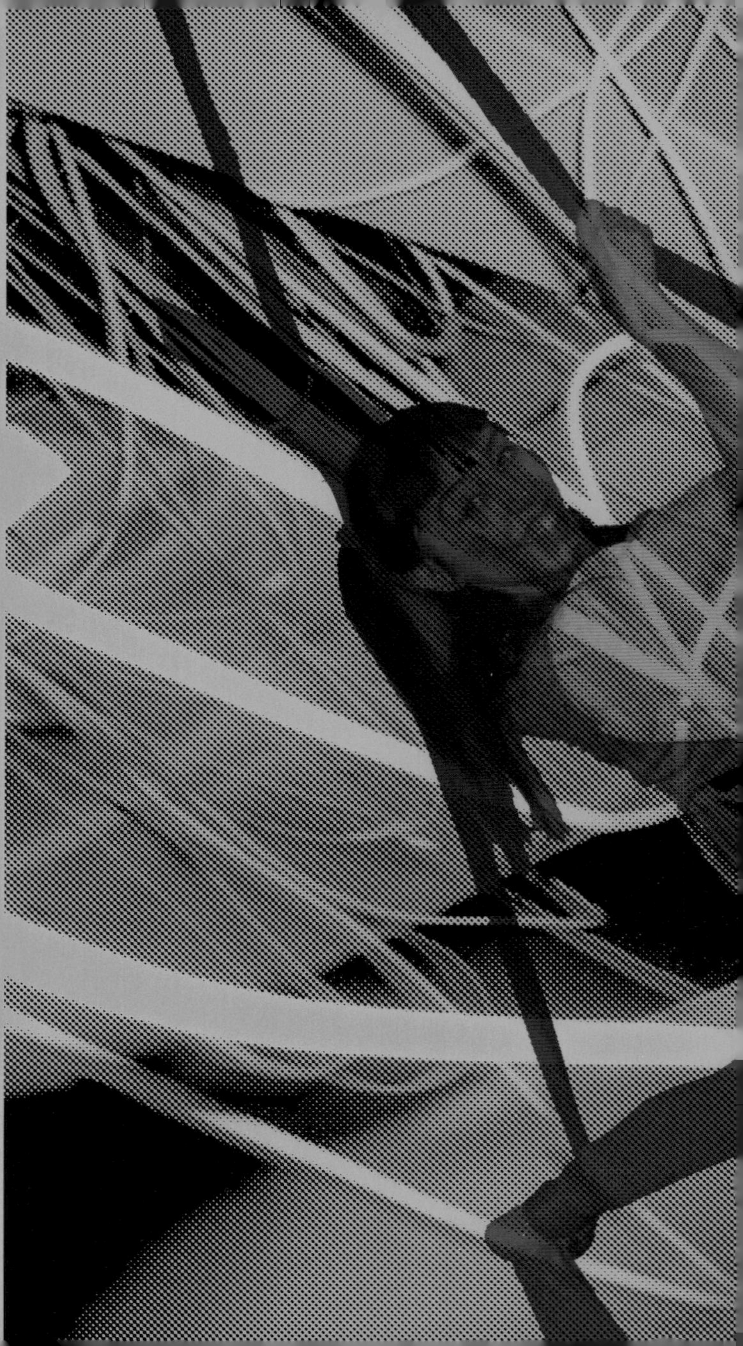

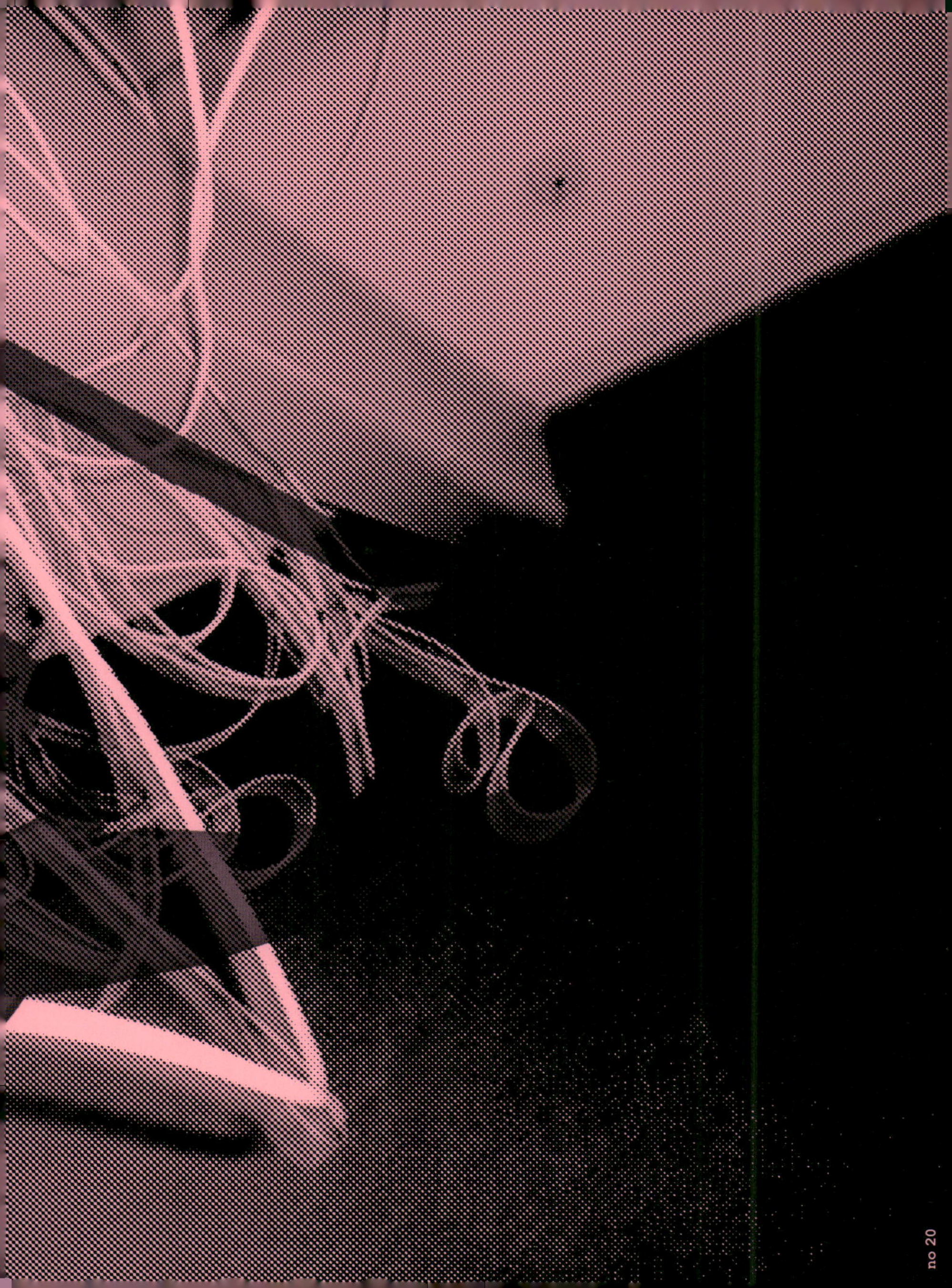

no 20

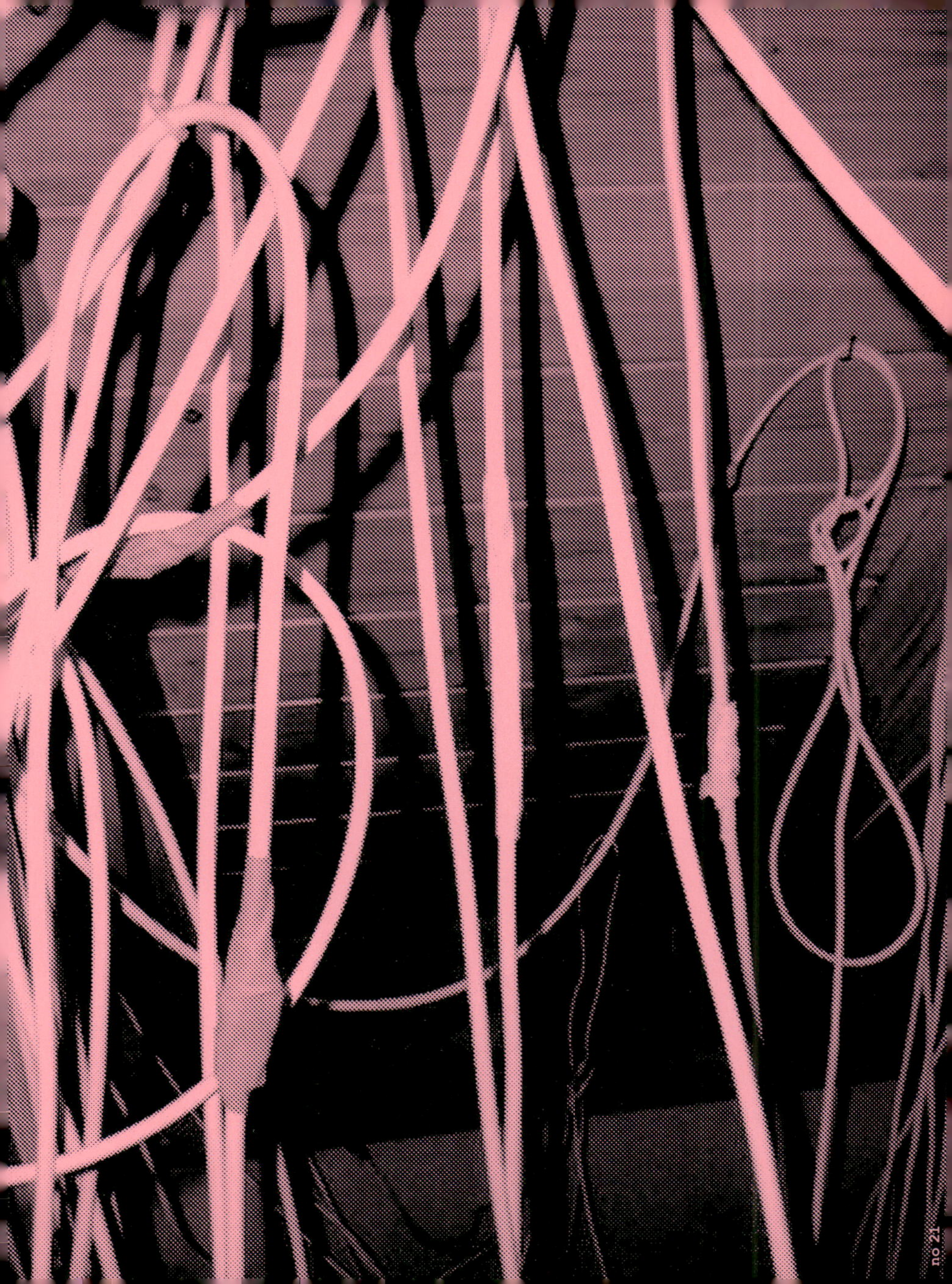

no 21

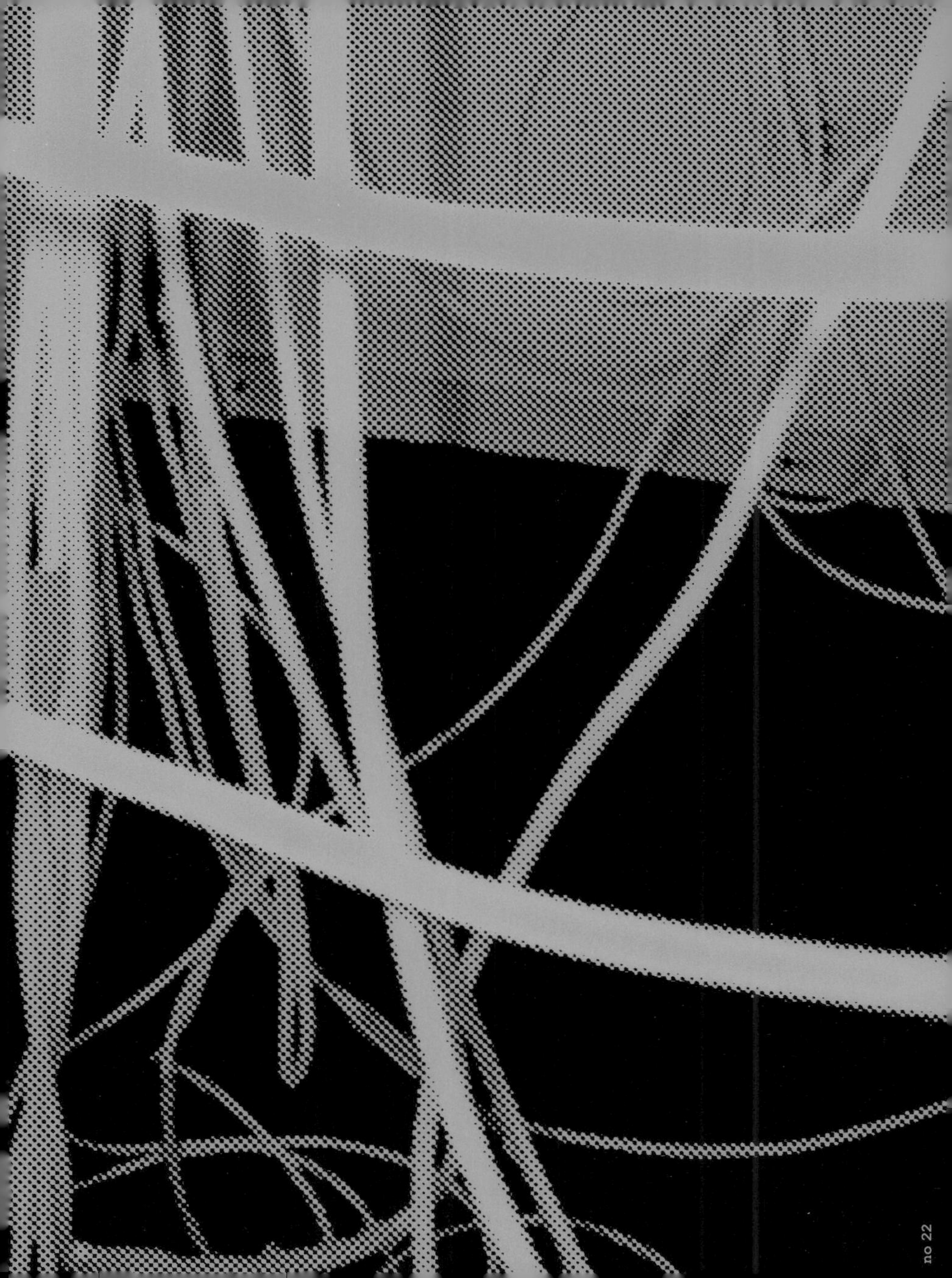

no 22

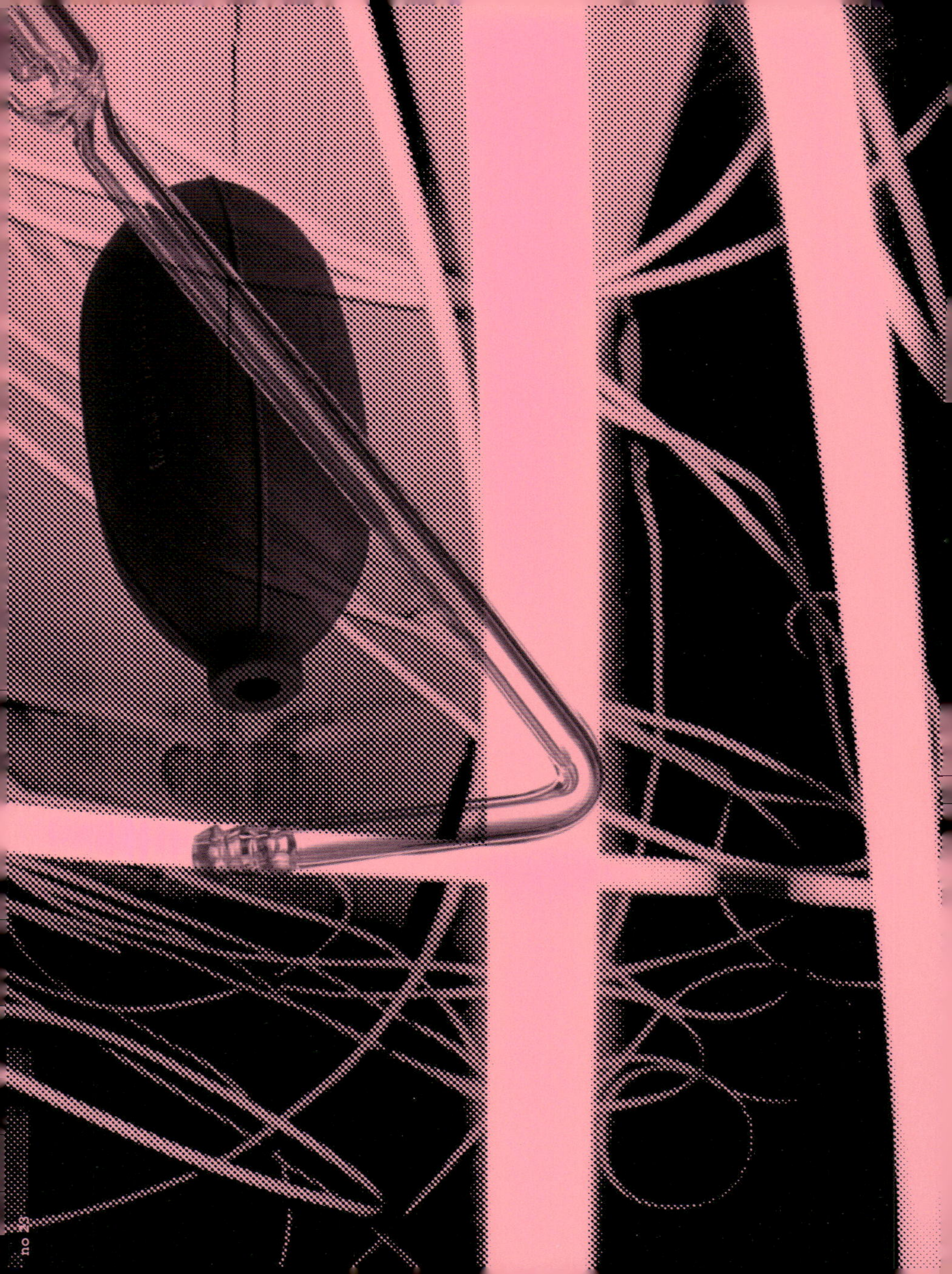

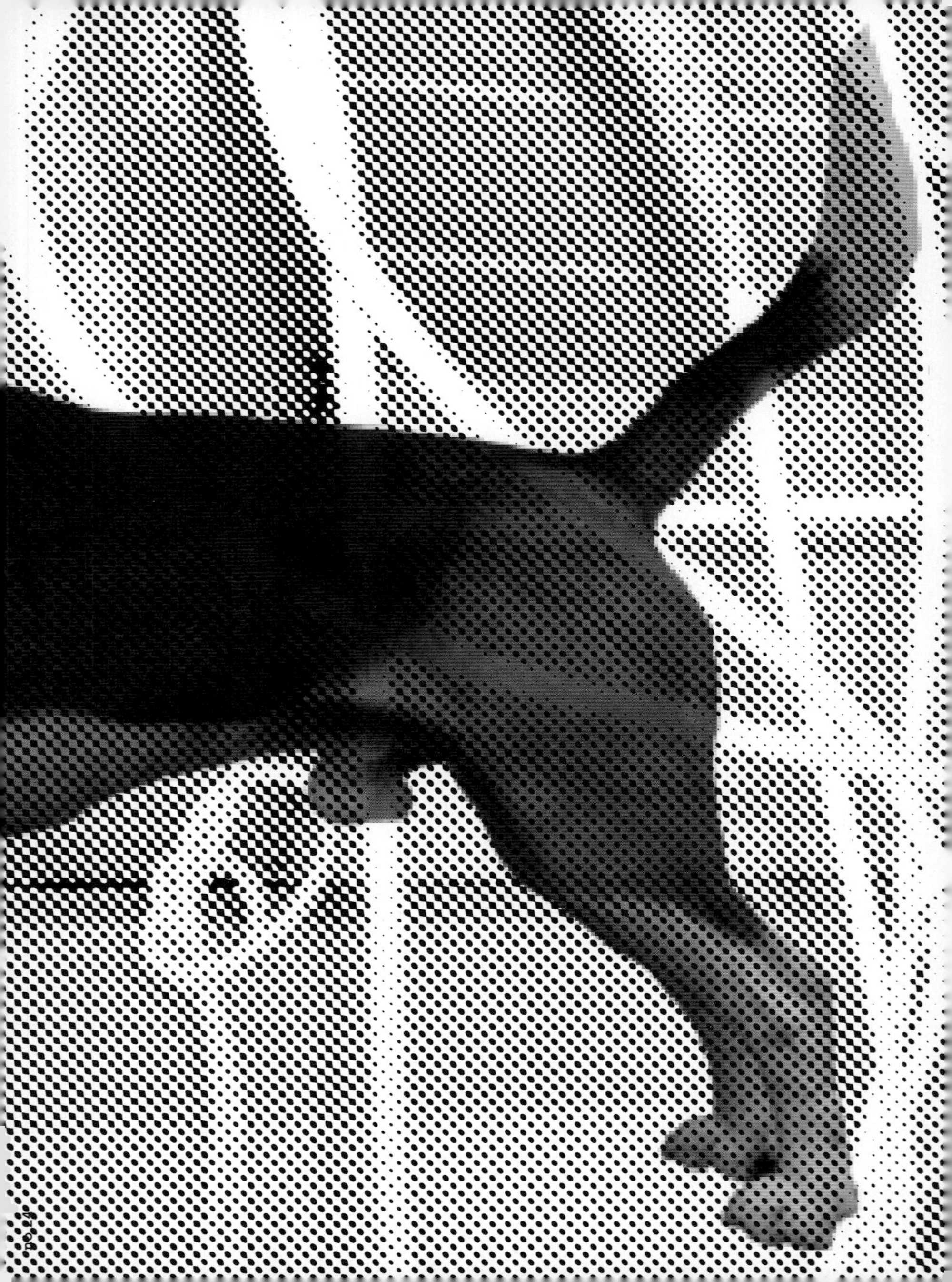

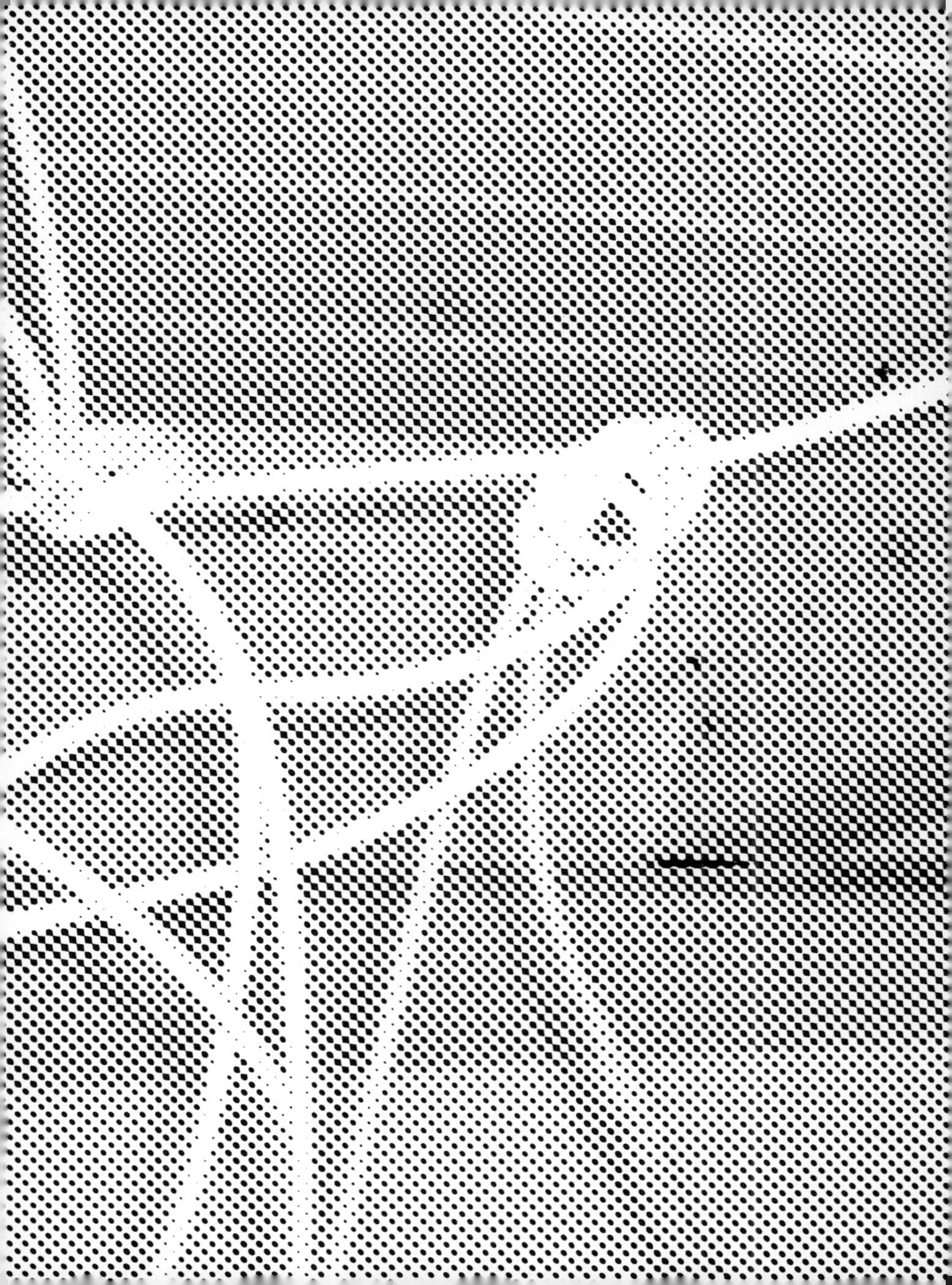

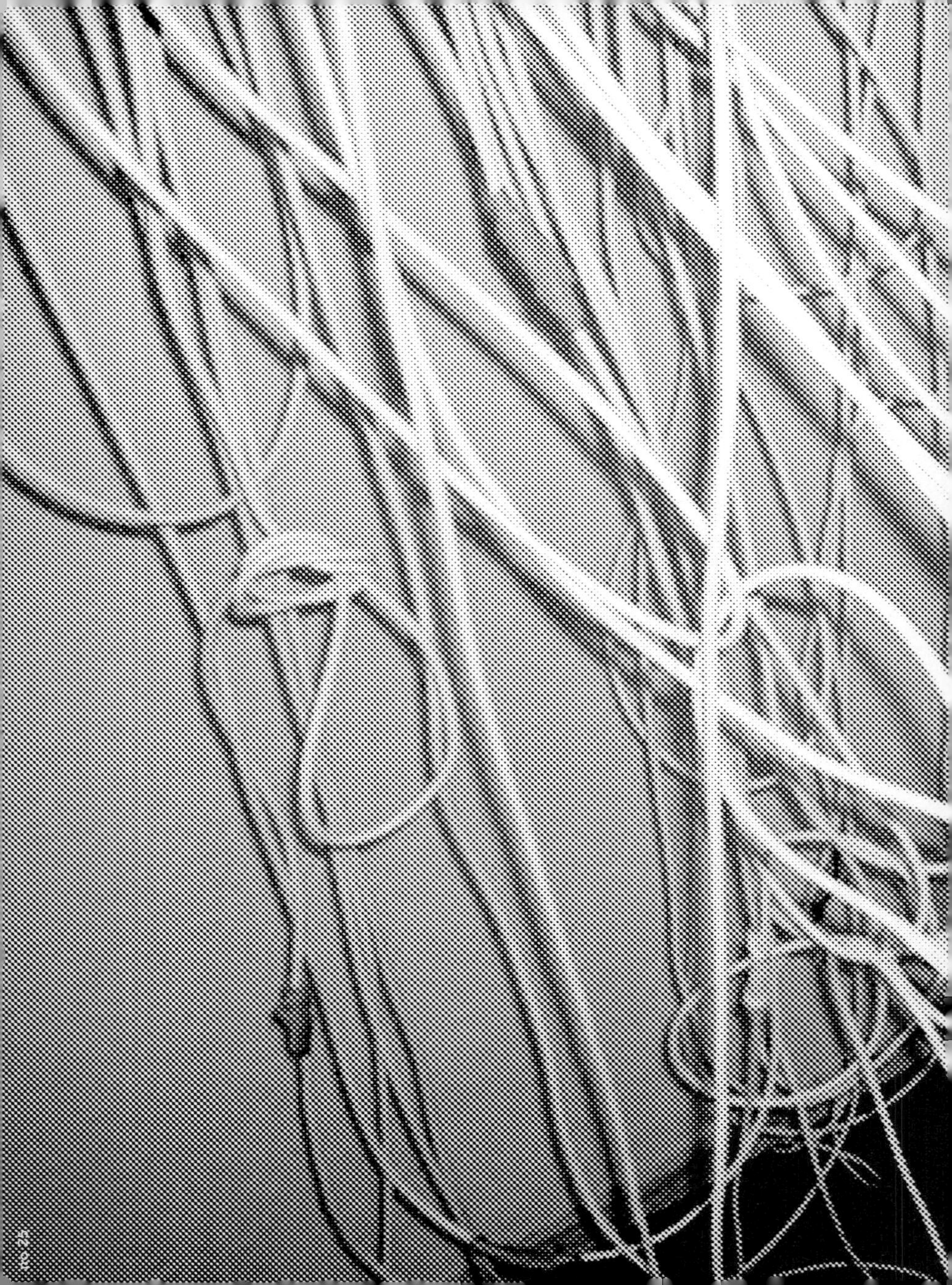
no 25

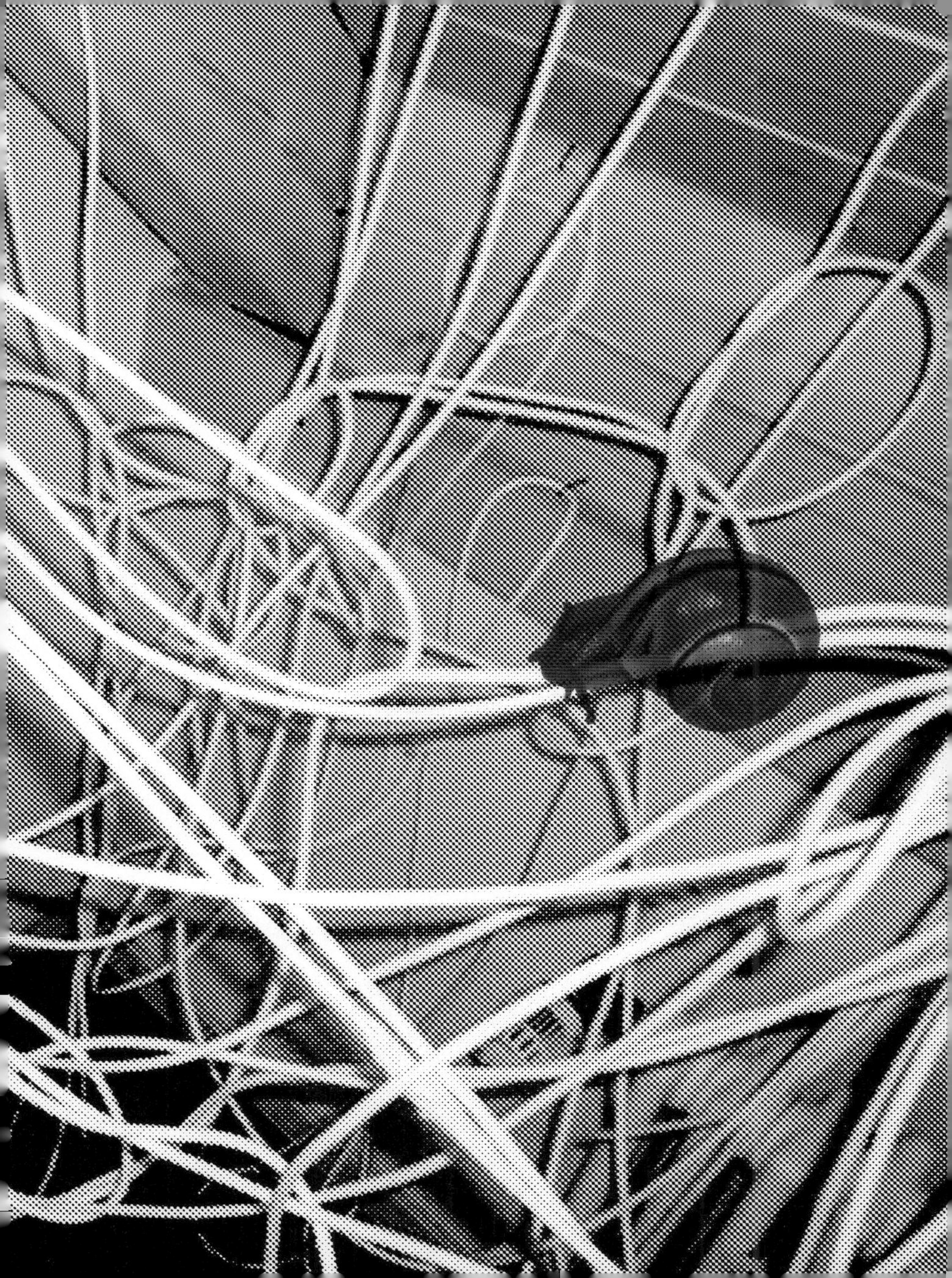

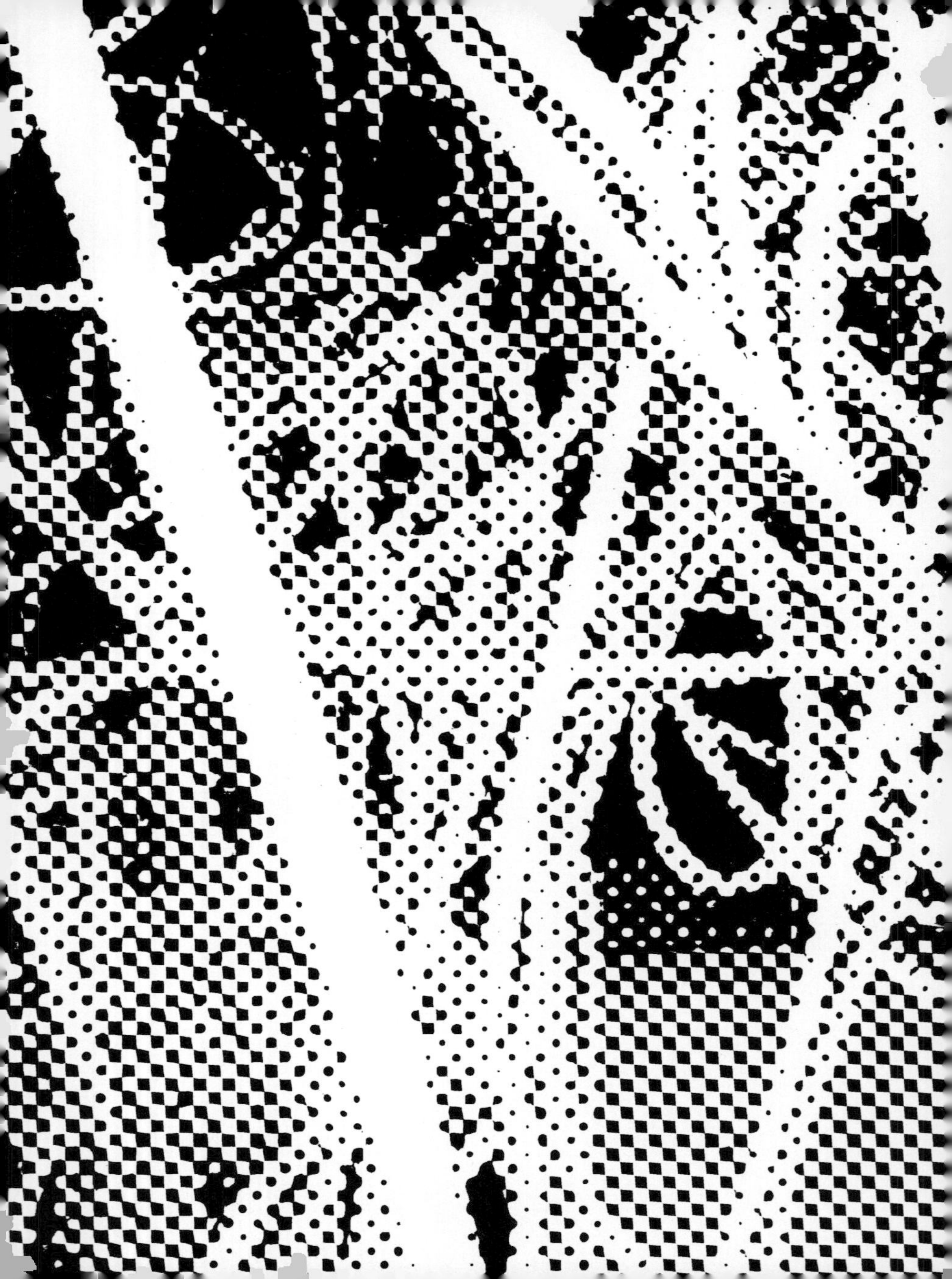

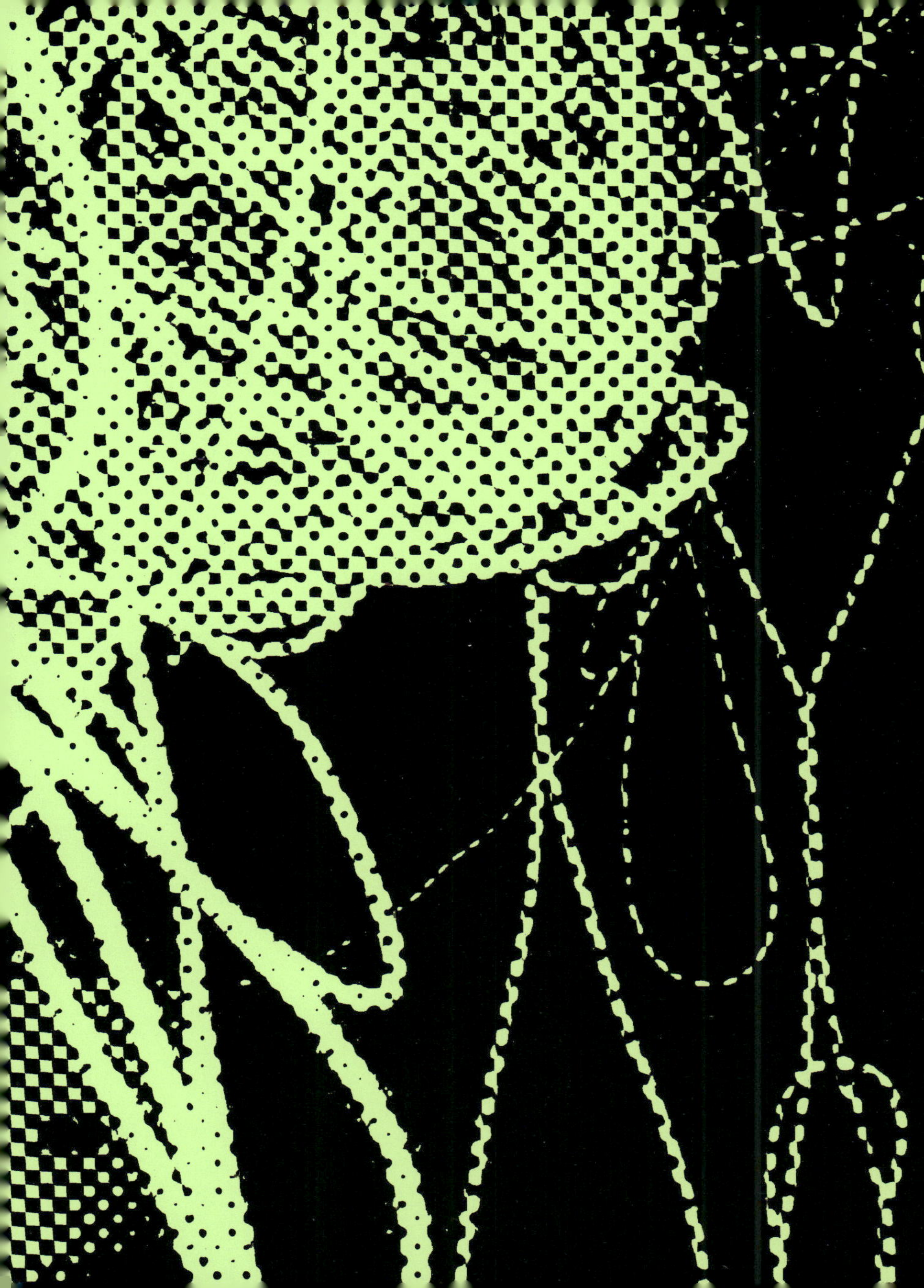

no 26

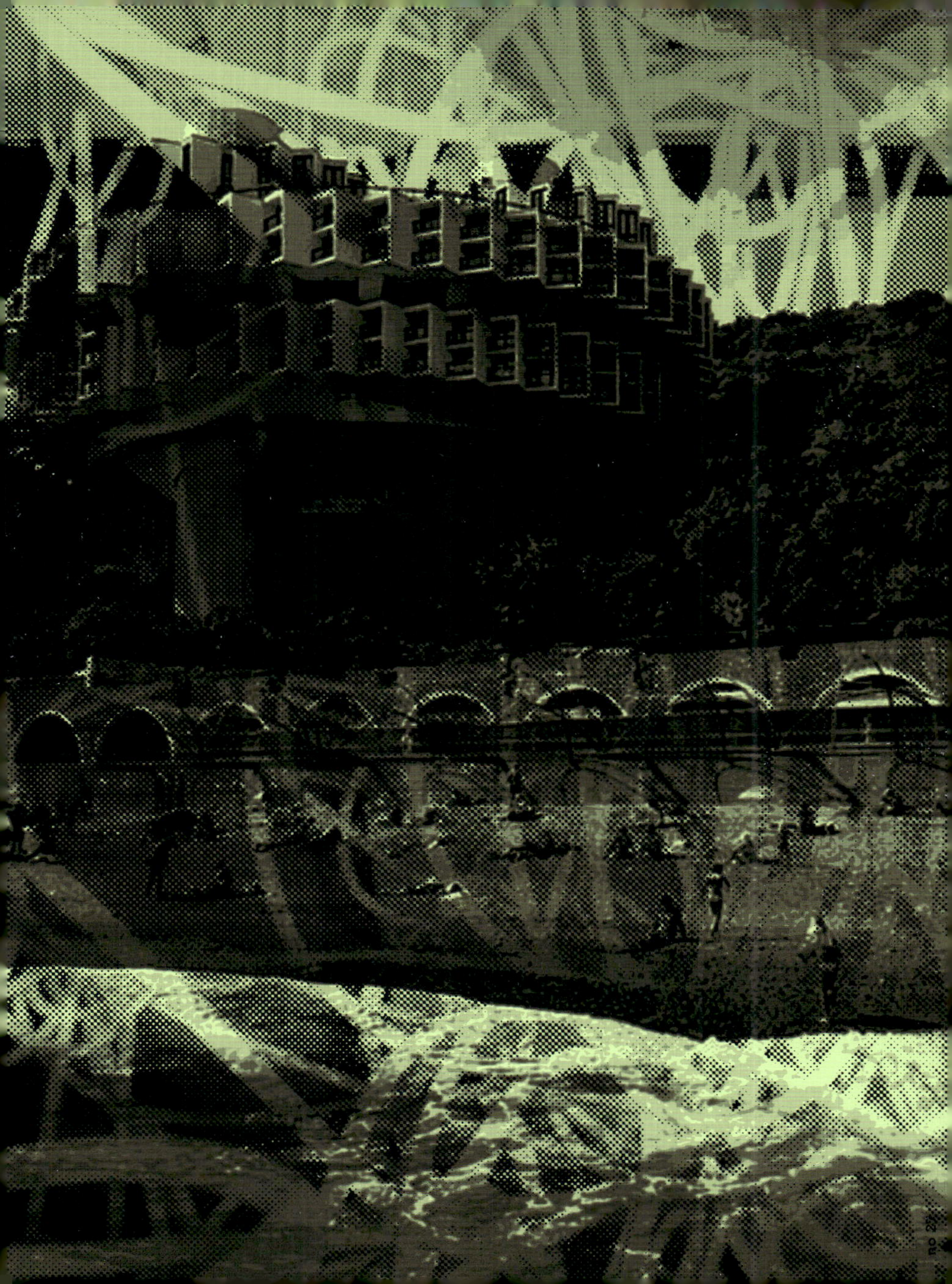

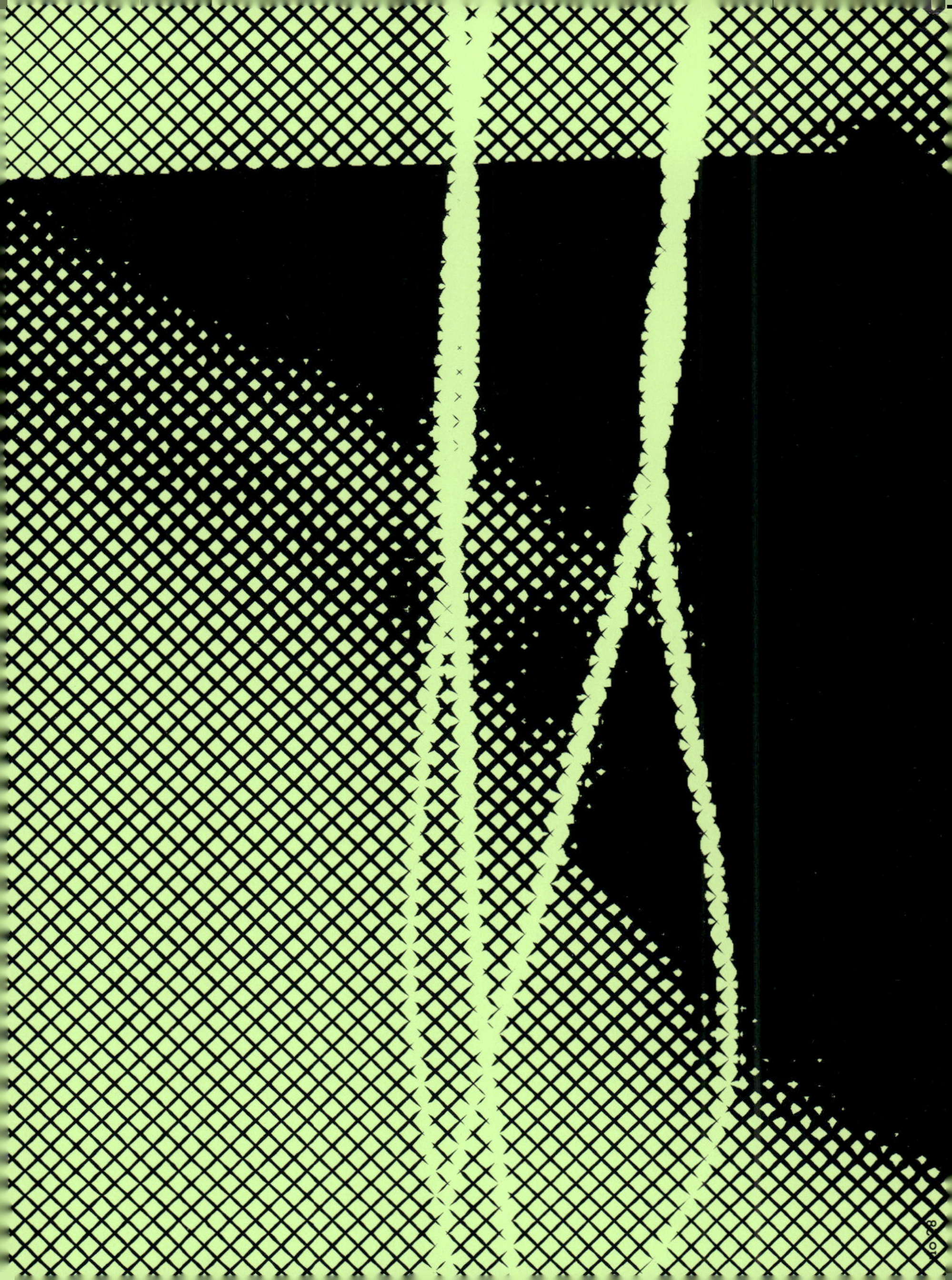

no 26

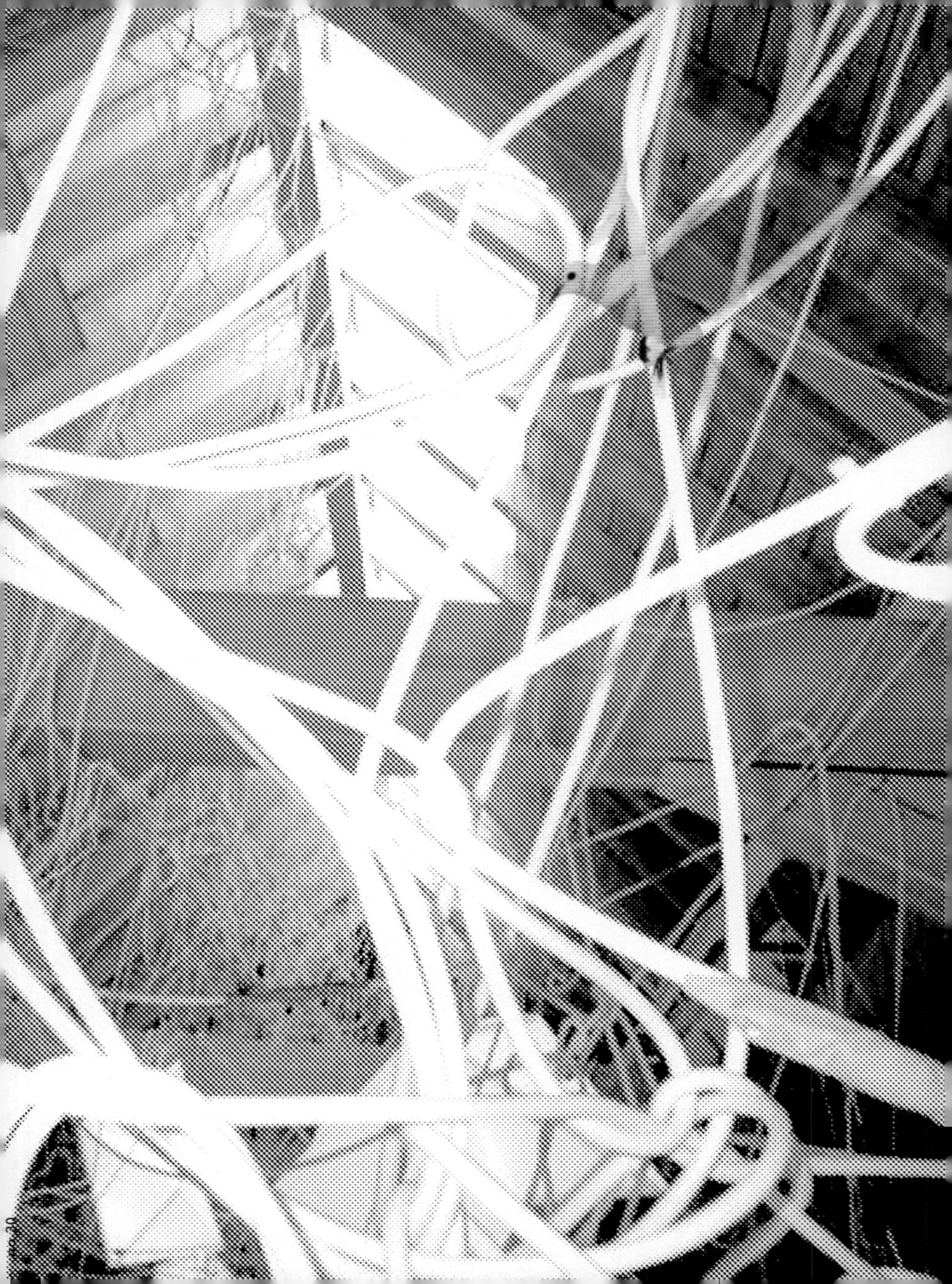

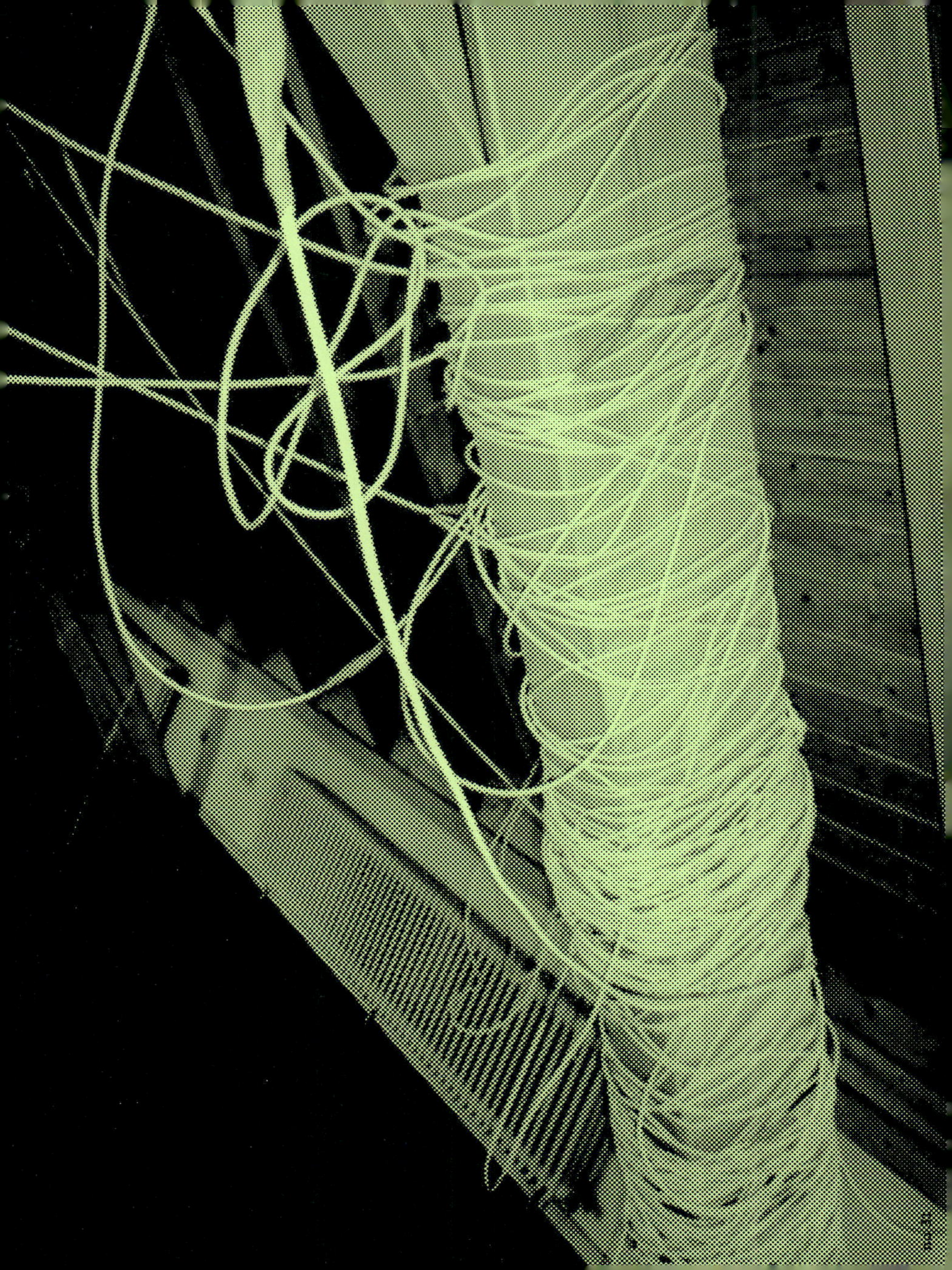

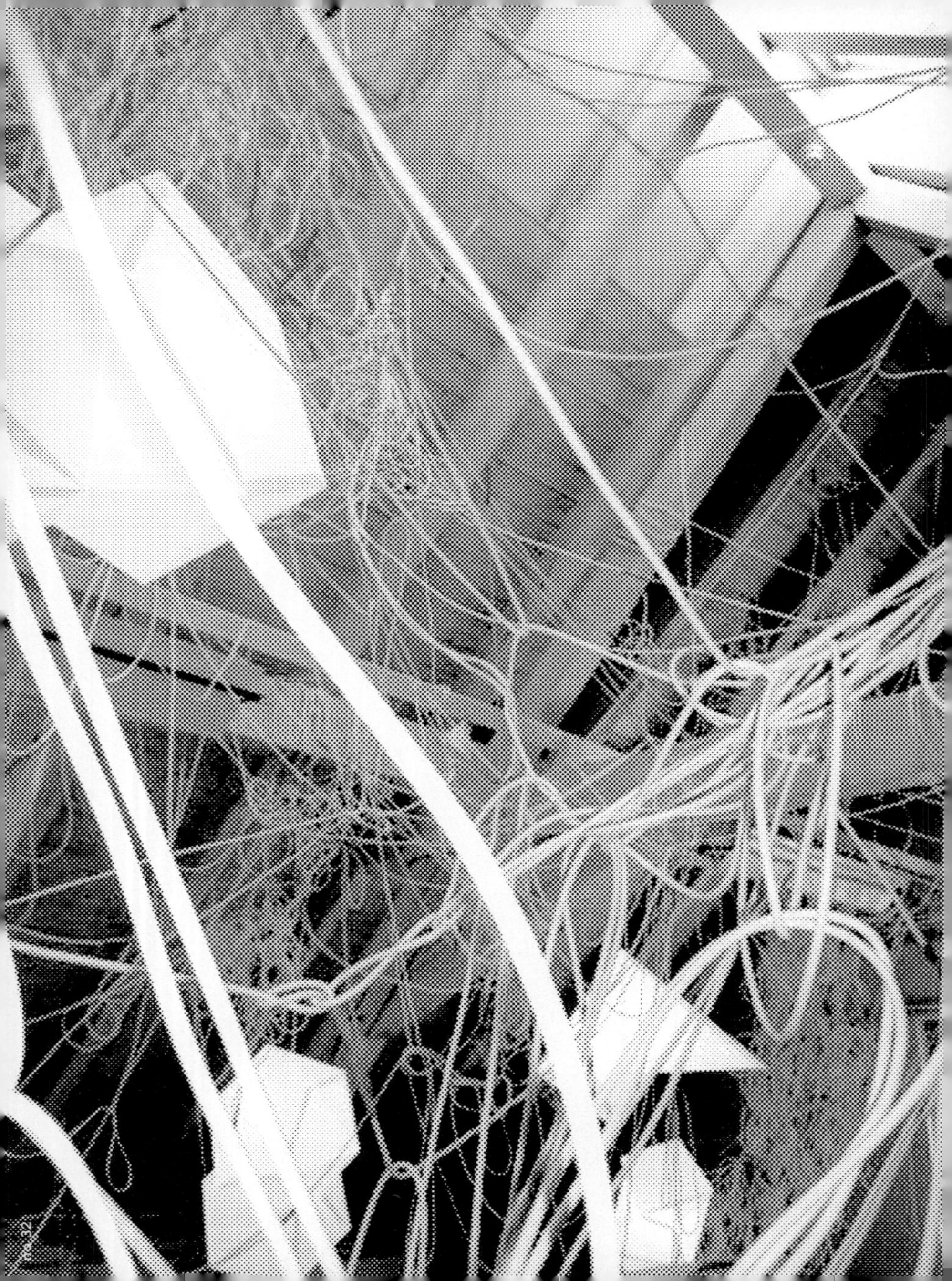

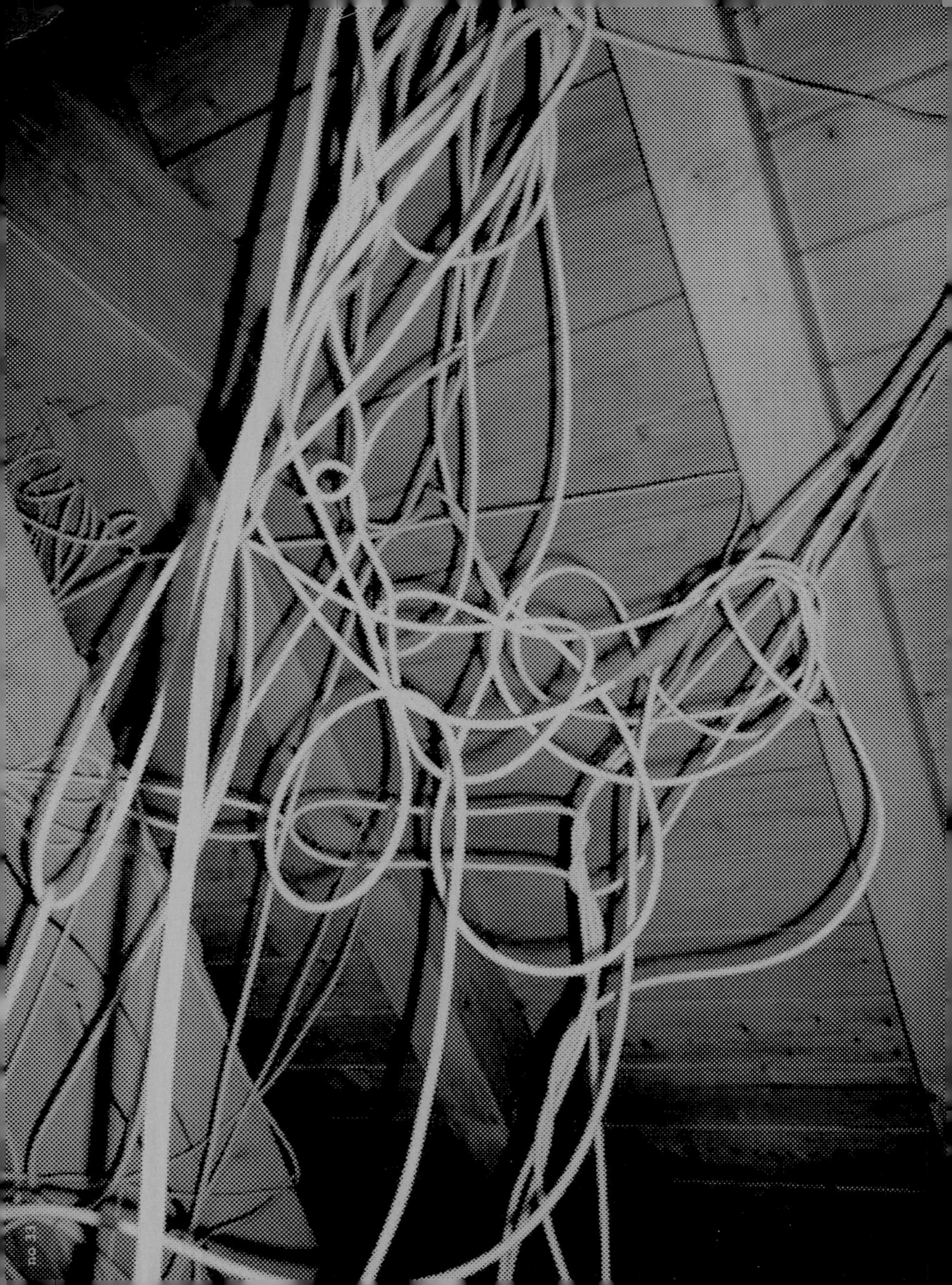

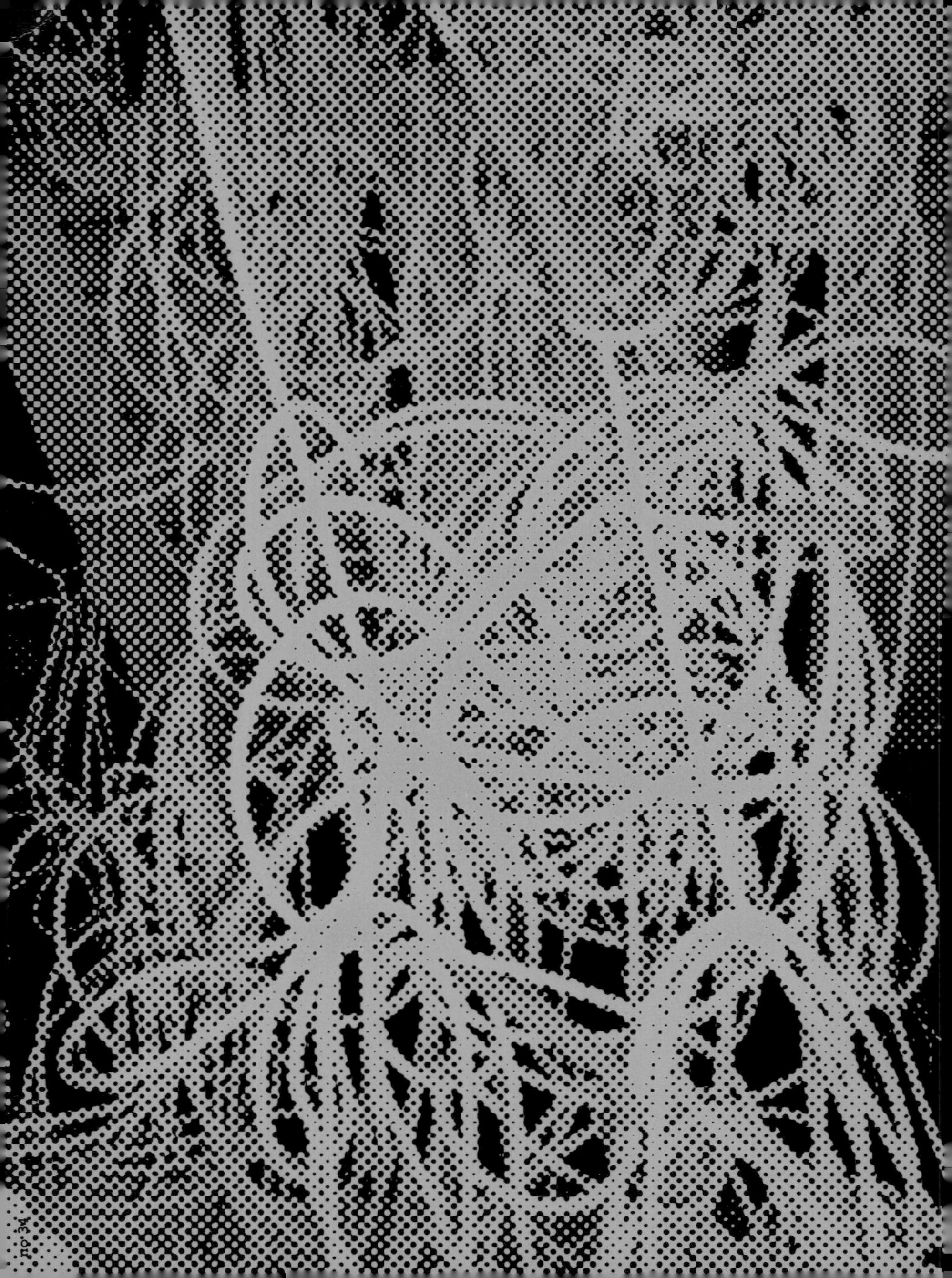

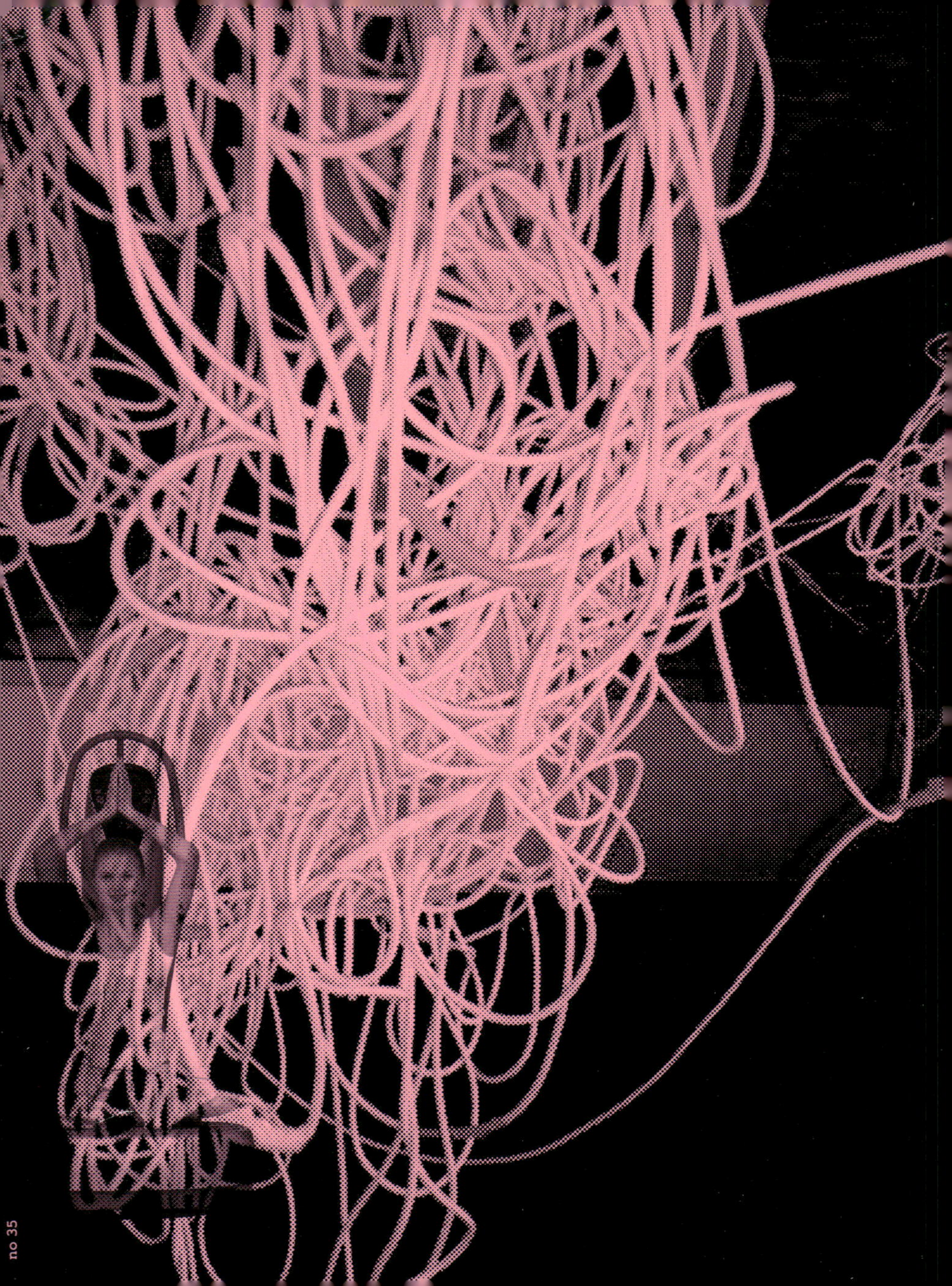

no.36

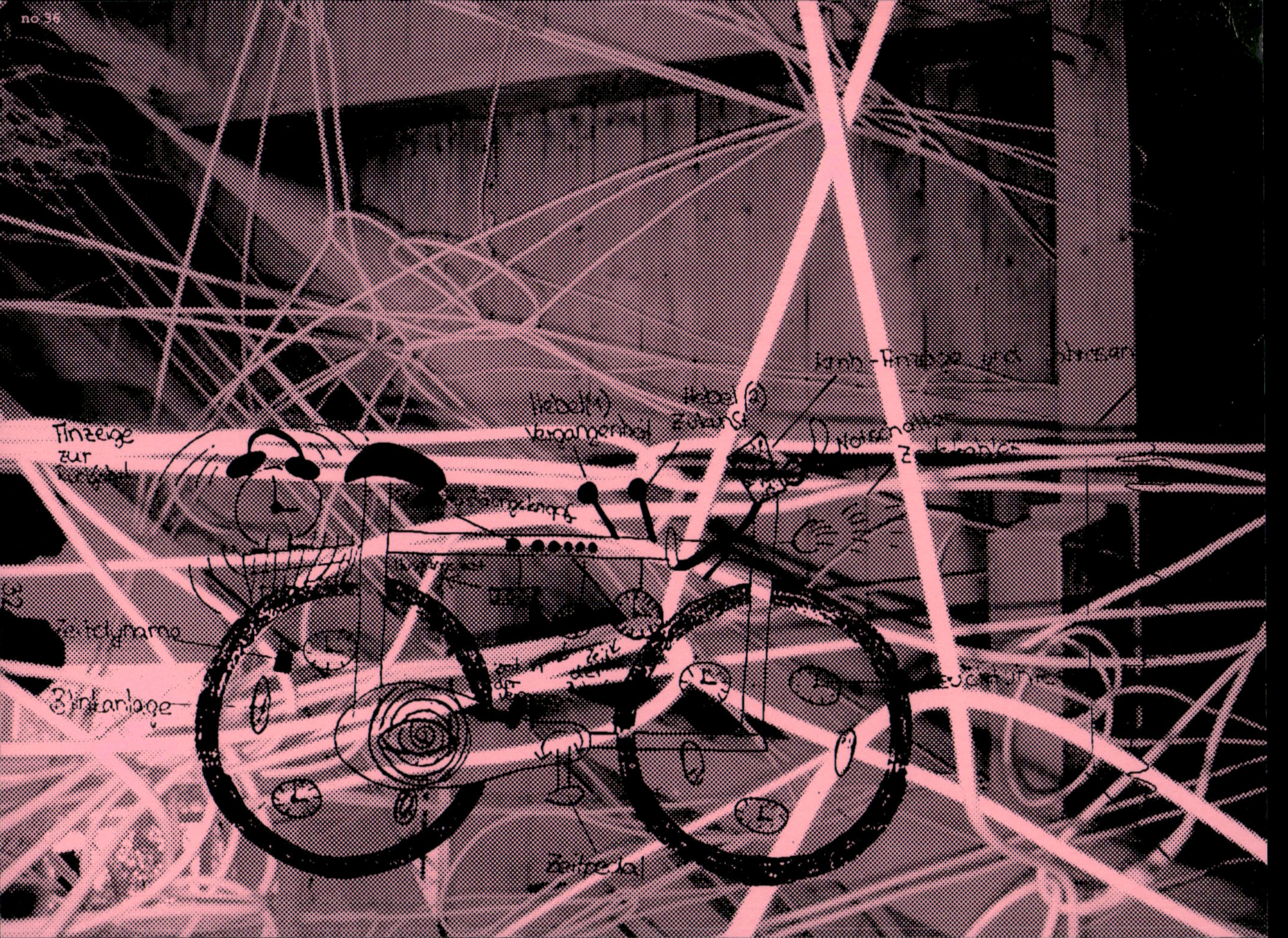
Anzeige
zur
Hebel(1)
Vergangenheit
Hebel(2)
Zukunft
Zeitdynamo
Blinkanlage
Zeitpedal

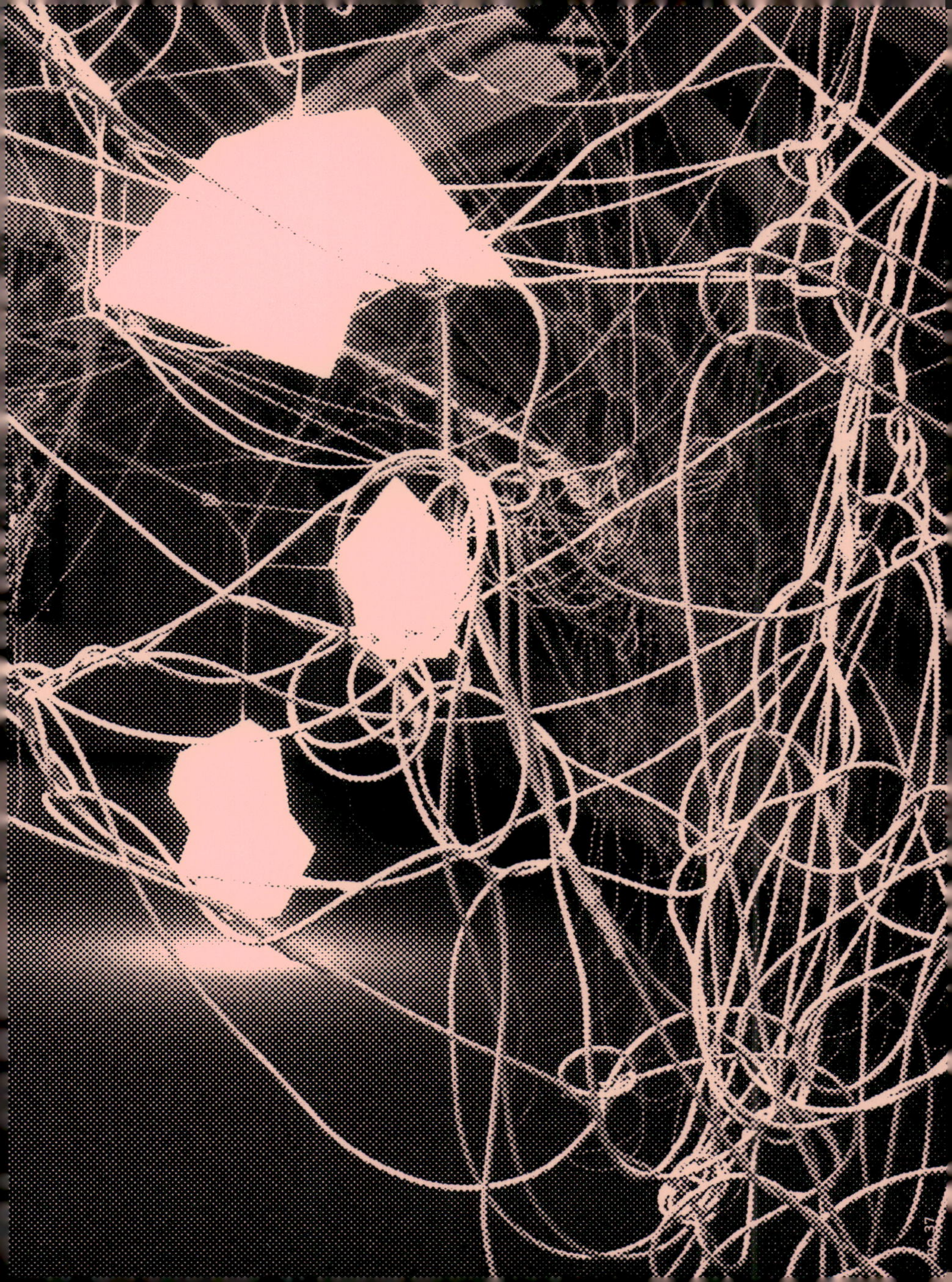
37

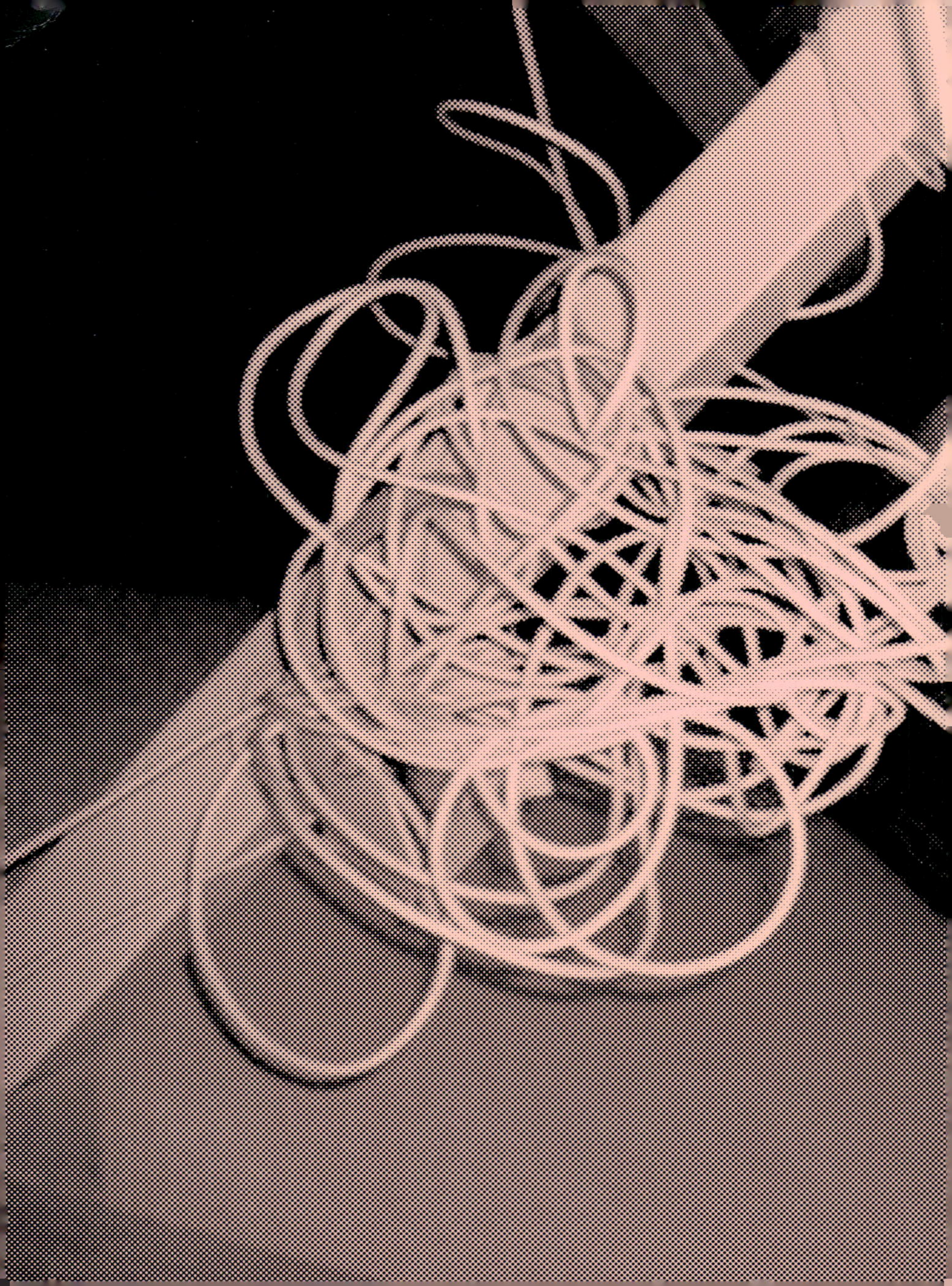

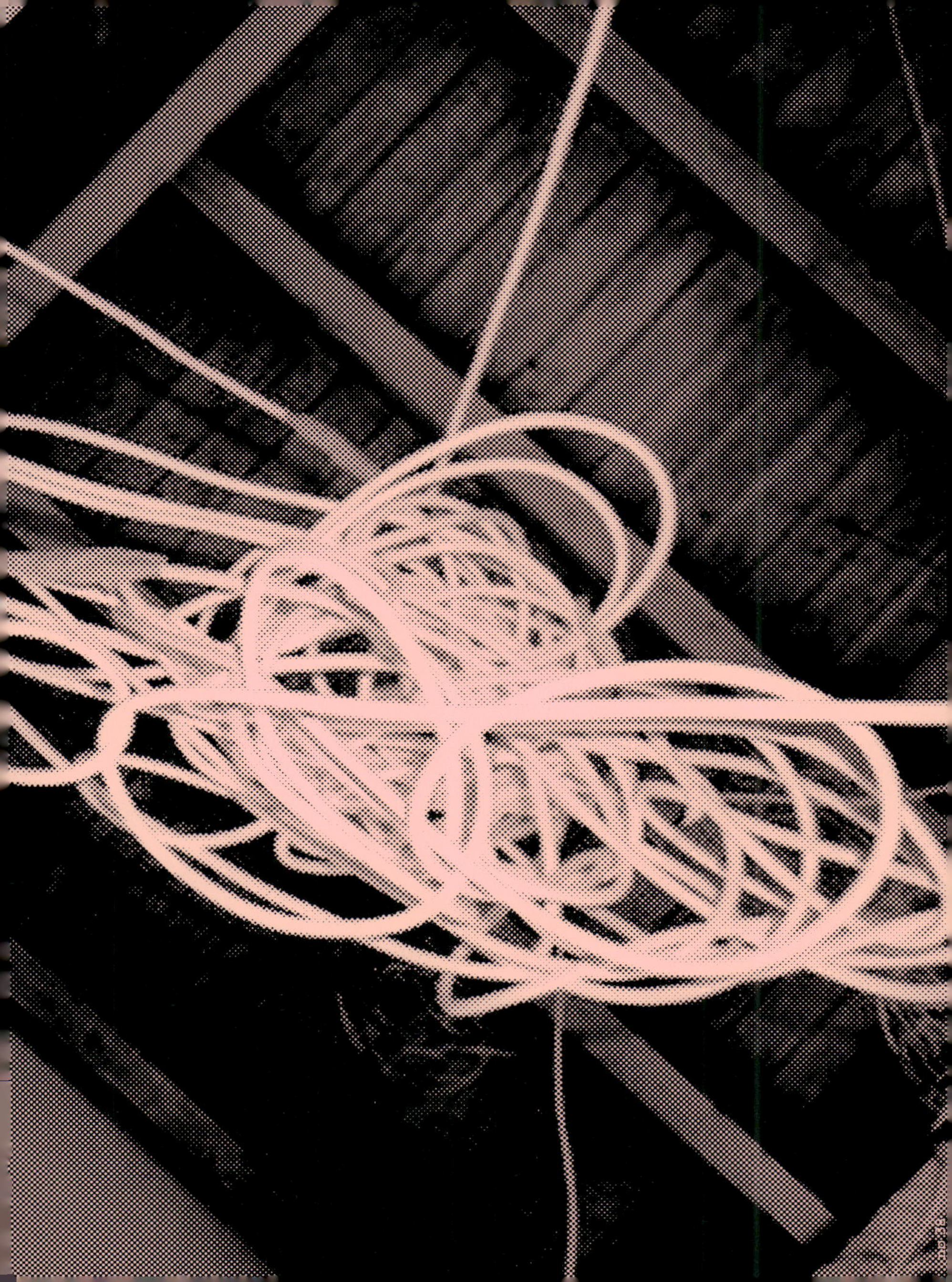

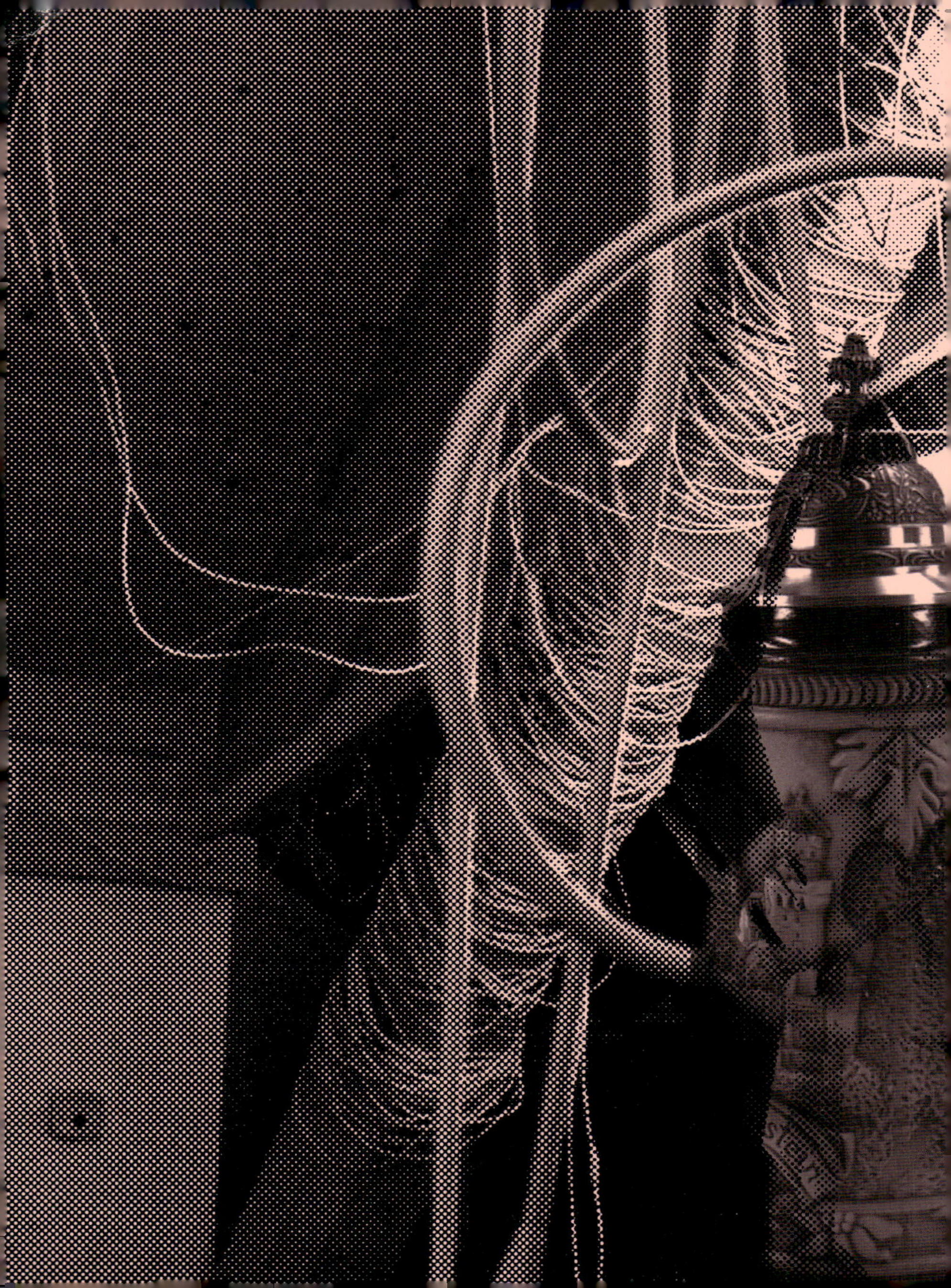

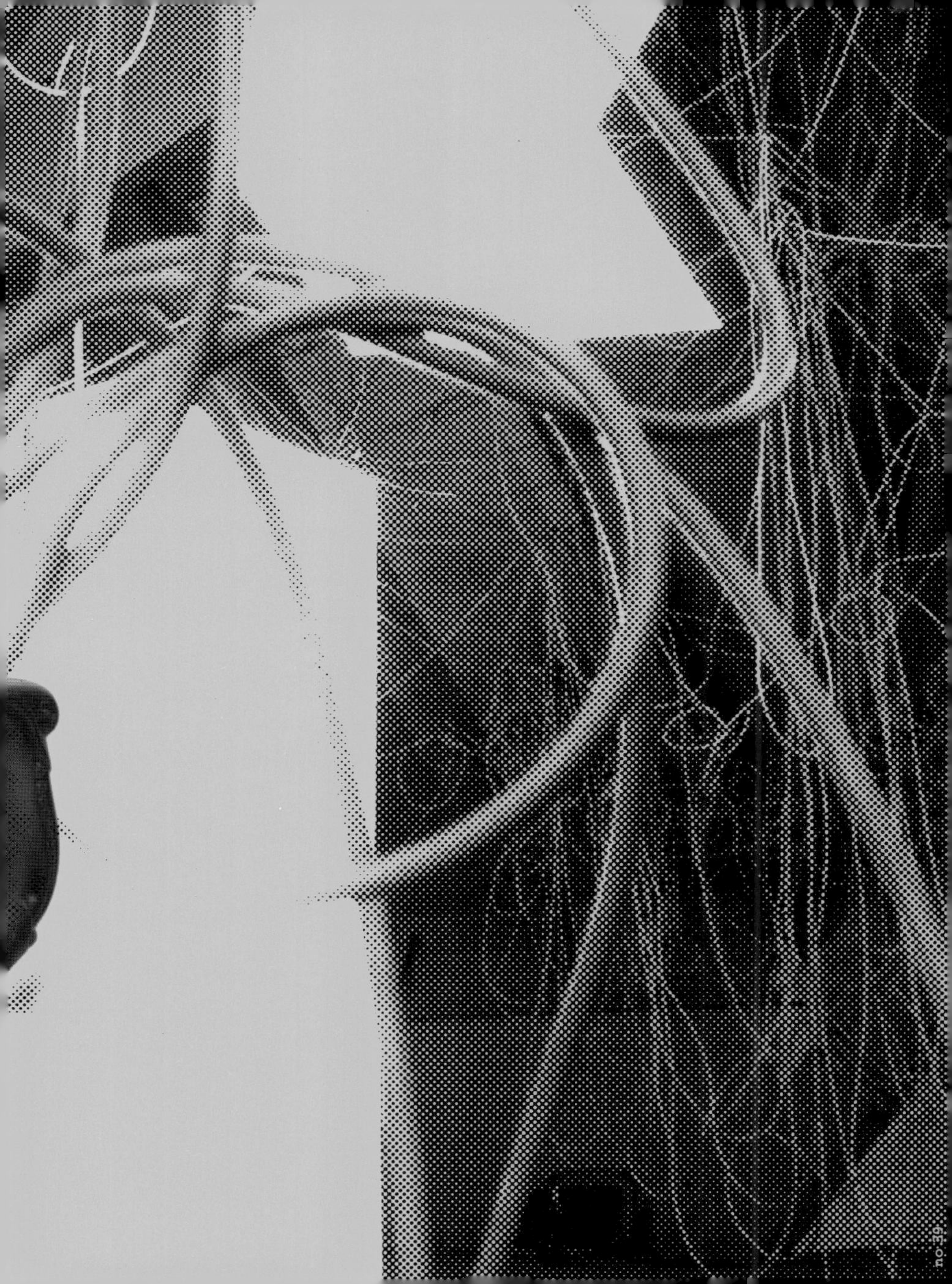

no 39

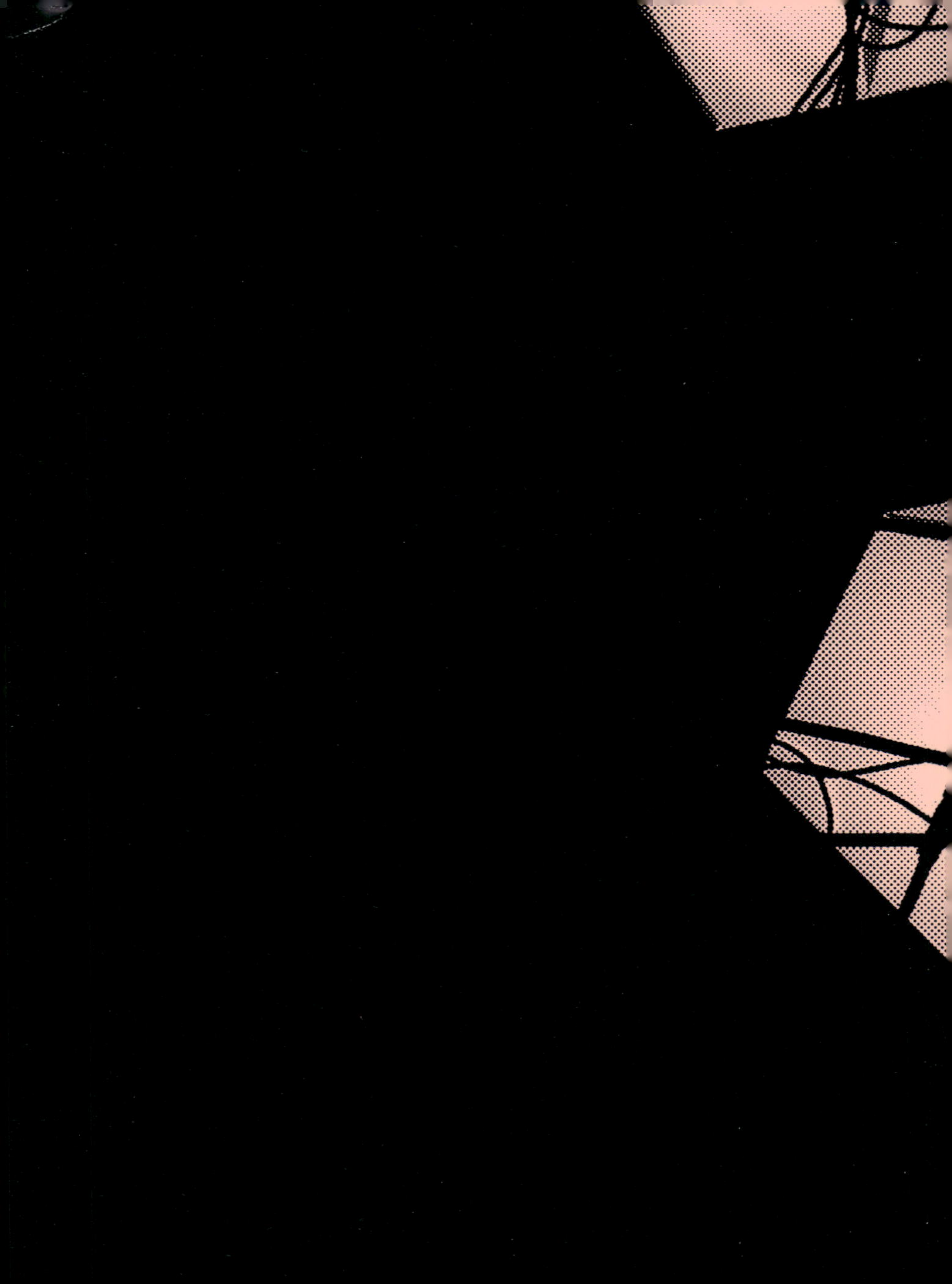

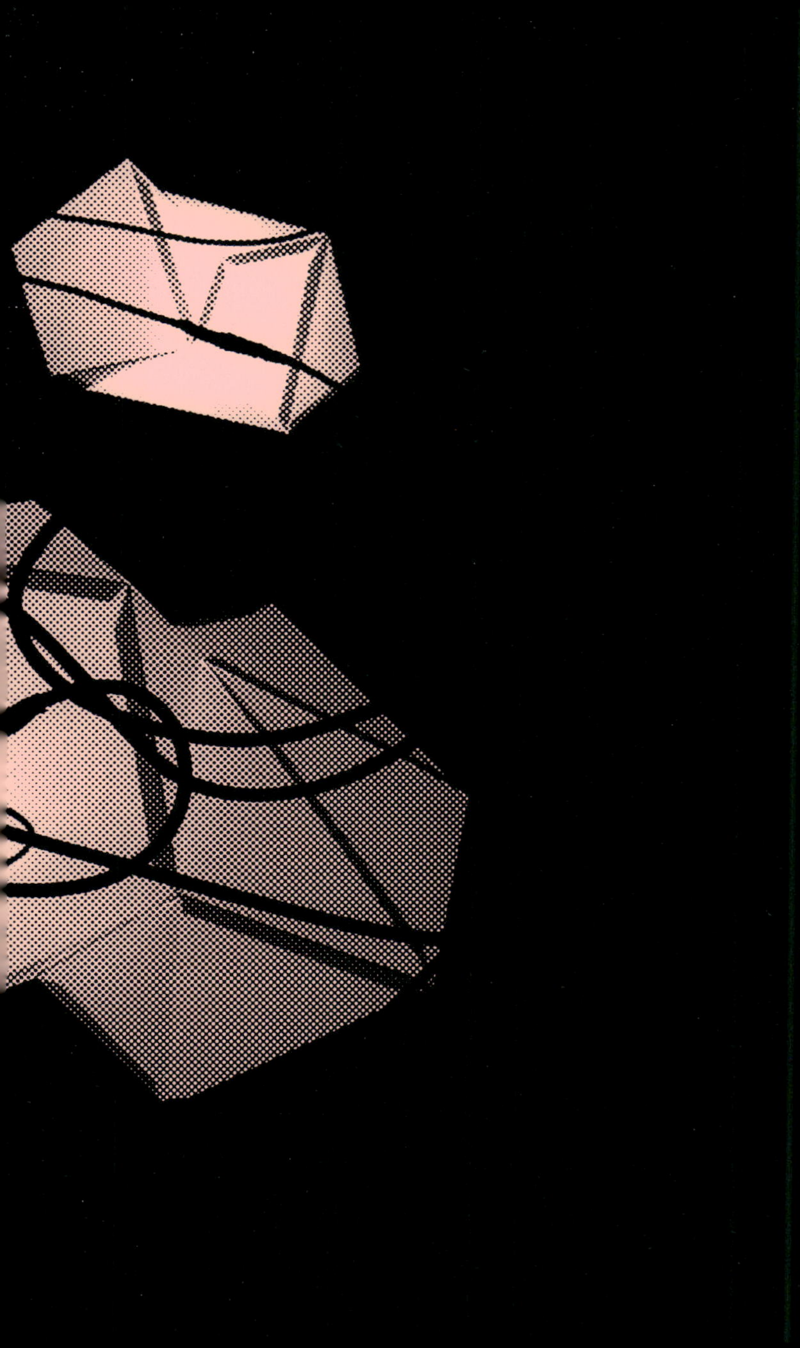

no 40

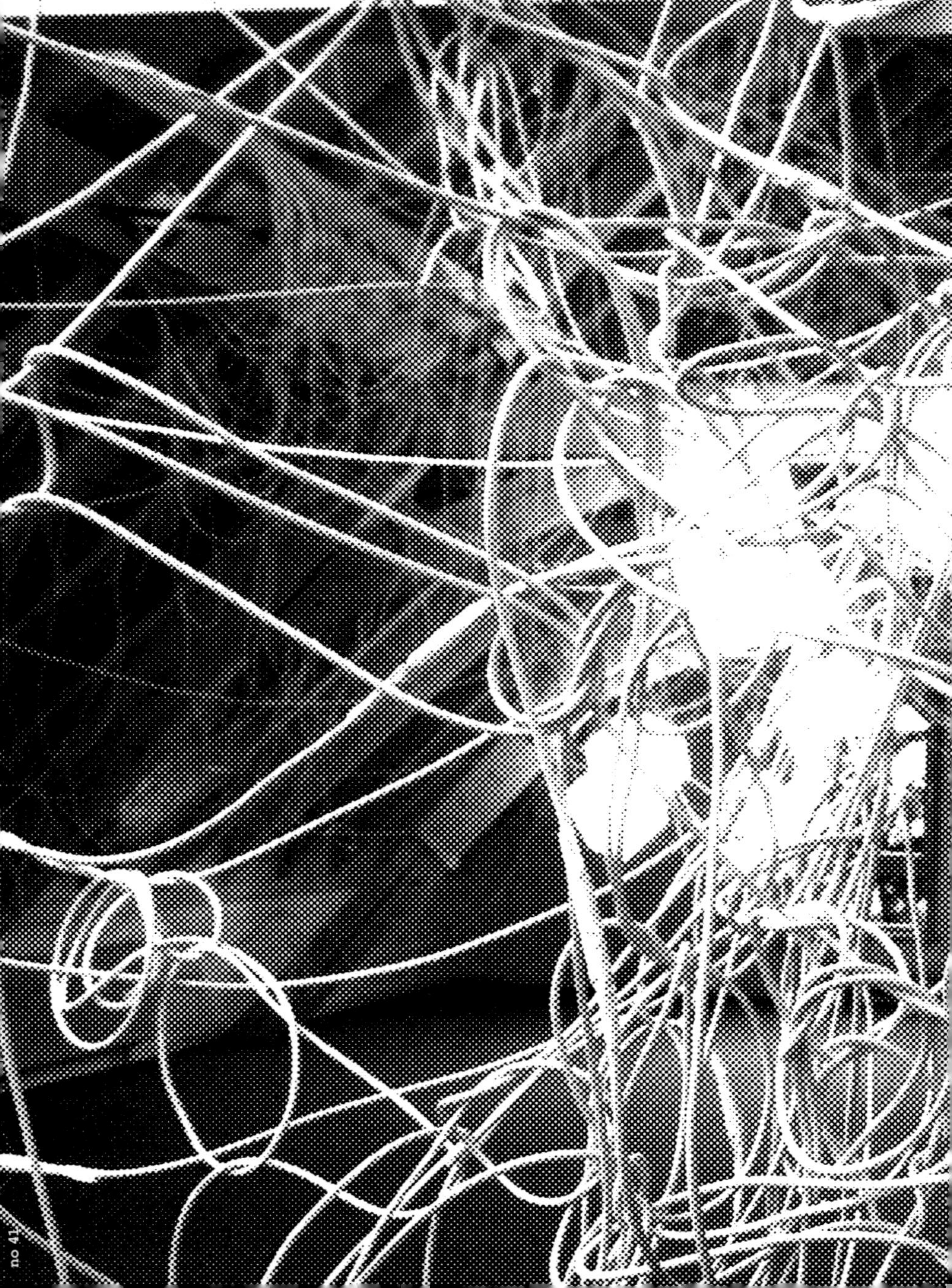

no 41

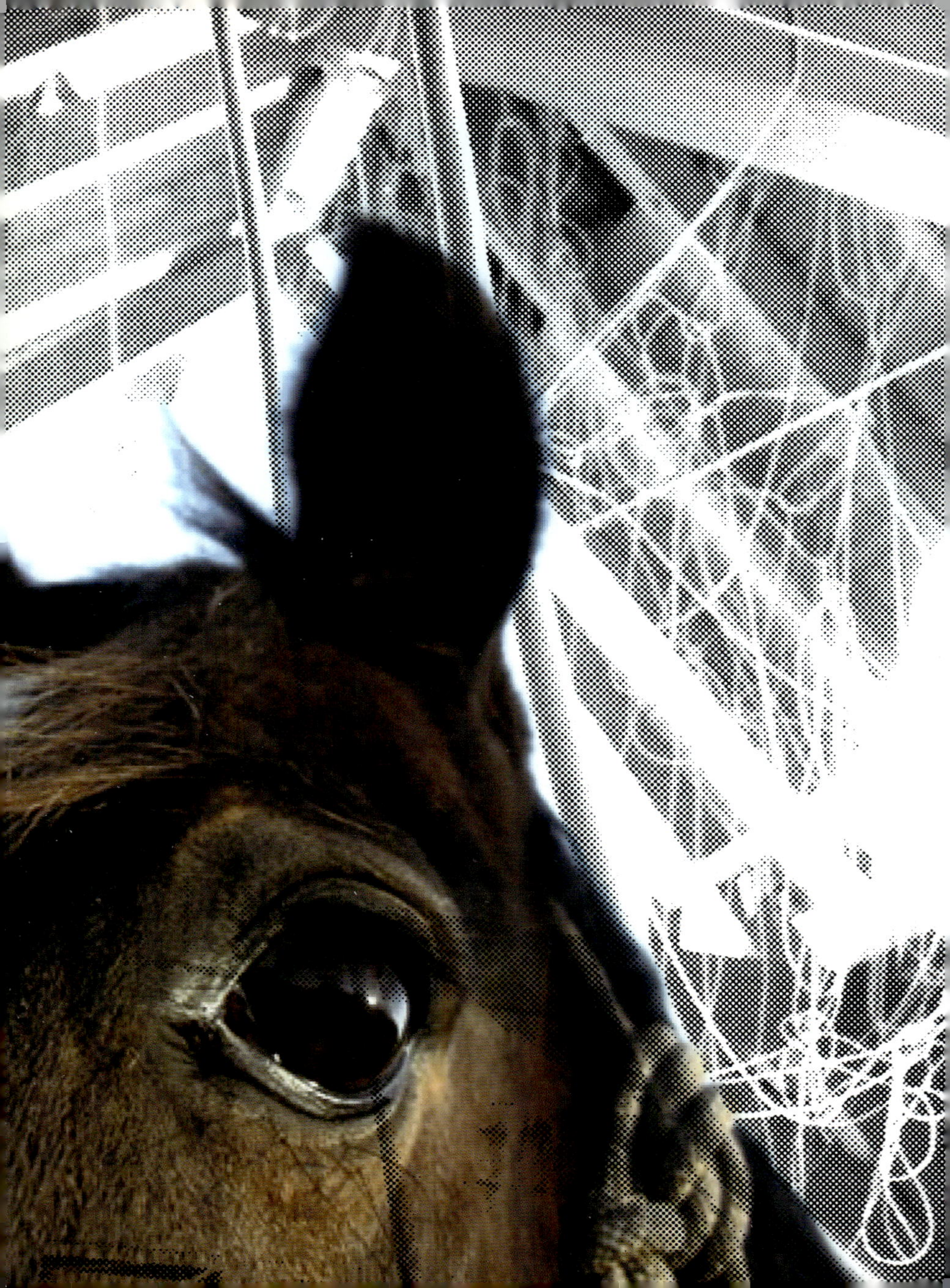

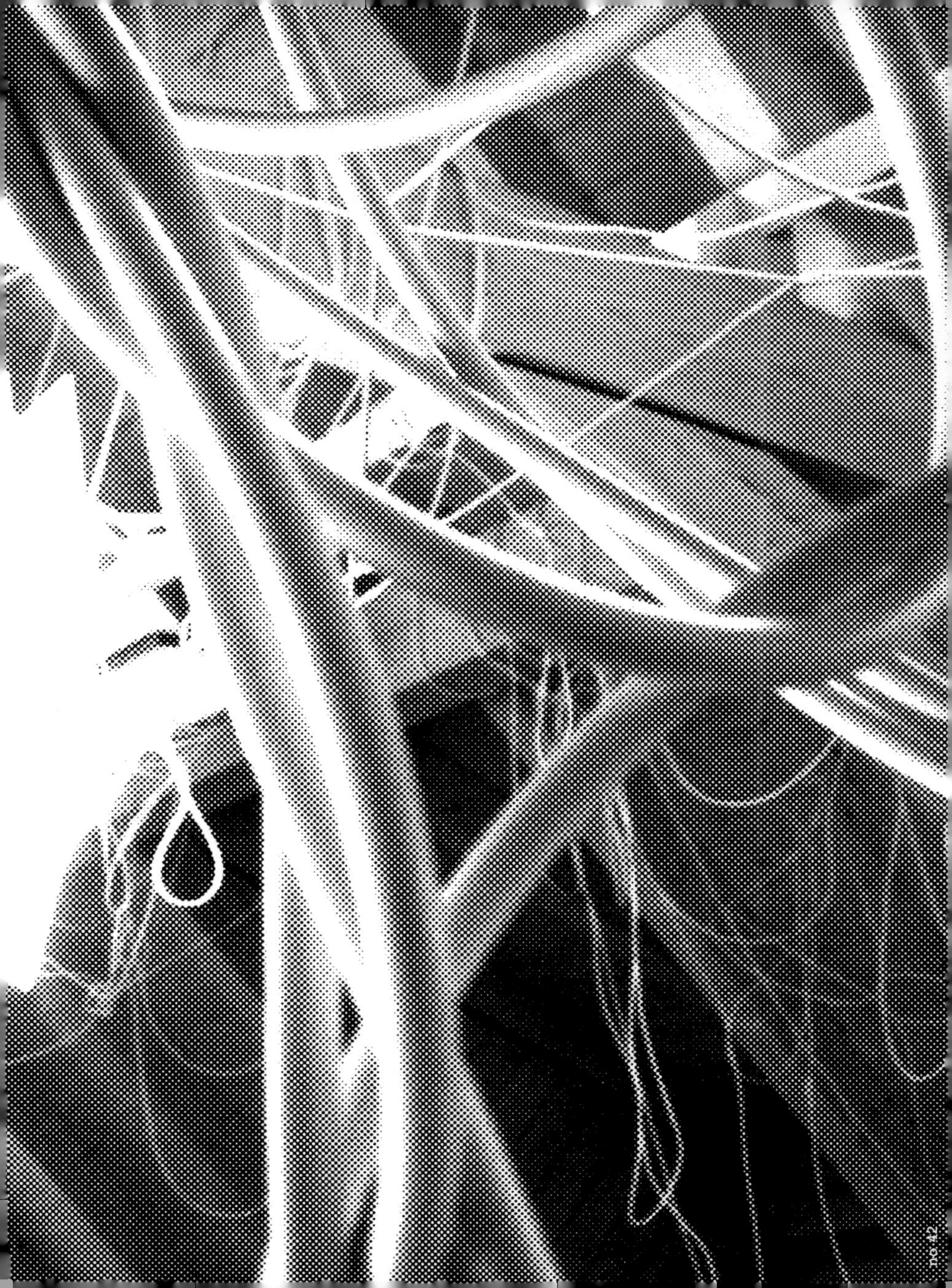
no 42

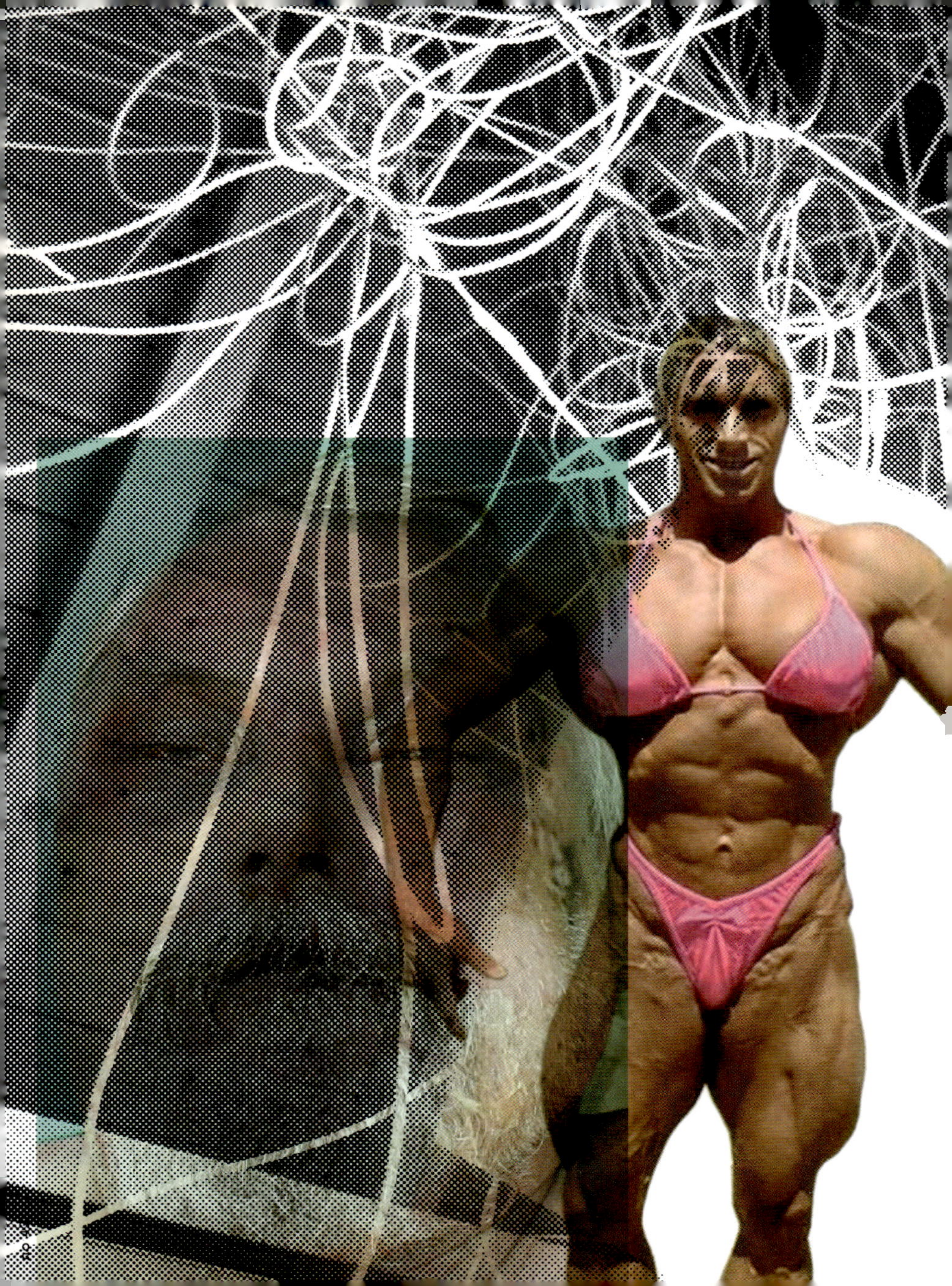

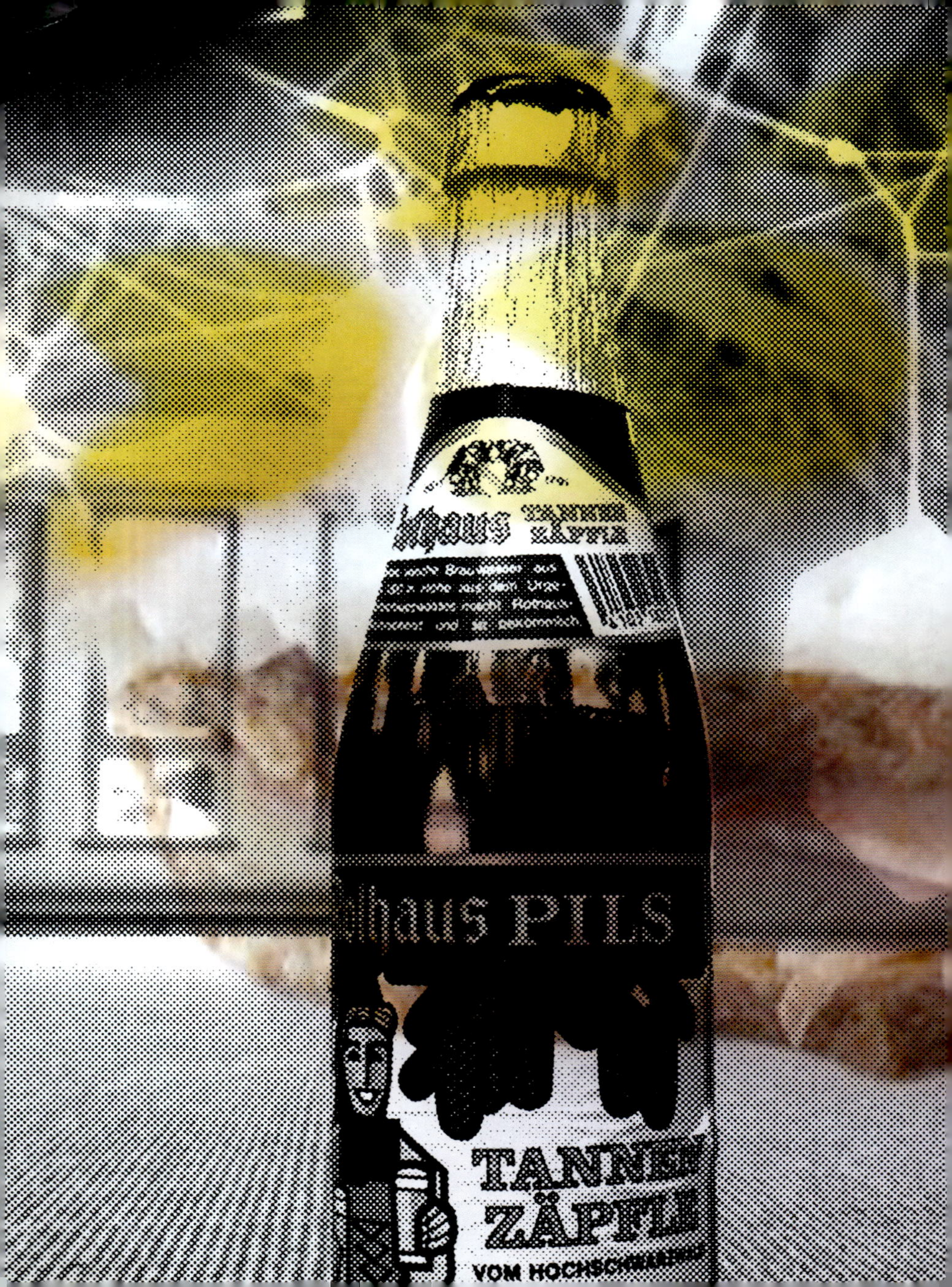
lhaus PILS
TANNE
ZÄPFL
VOM HOCHSCHW

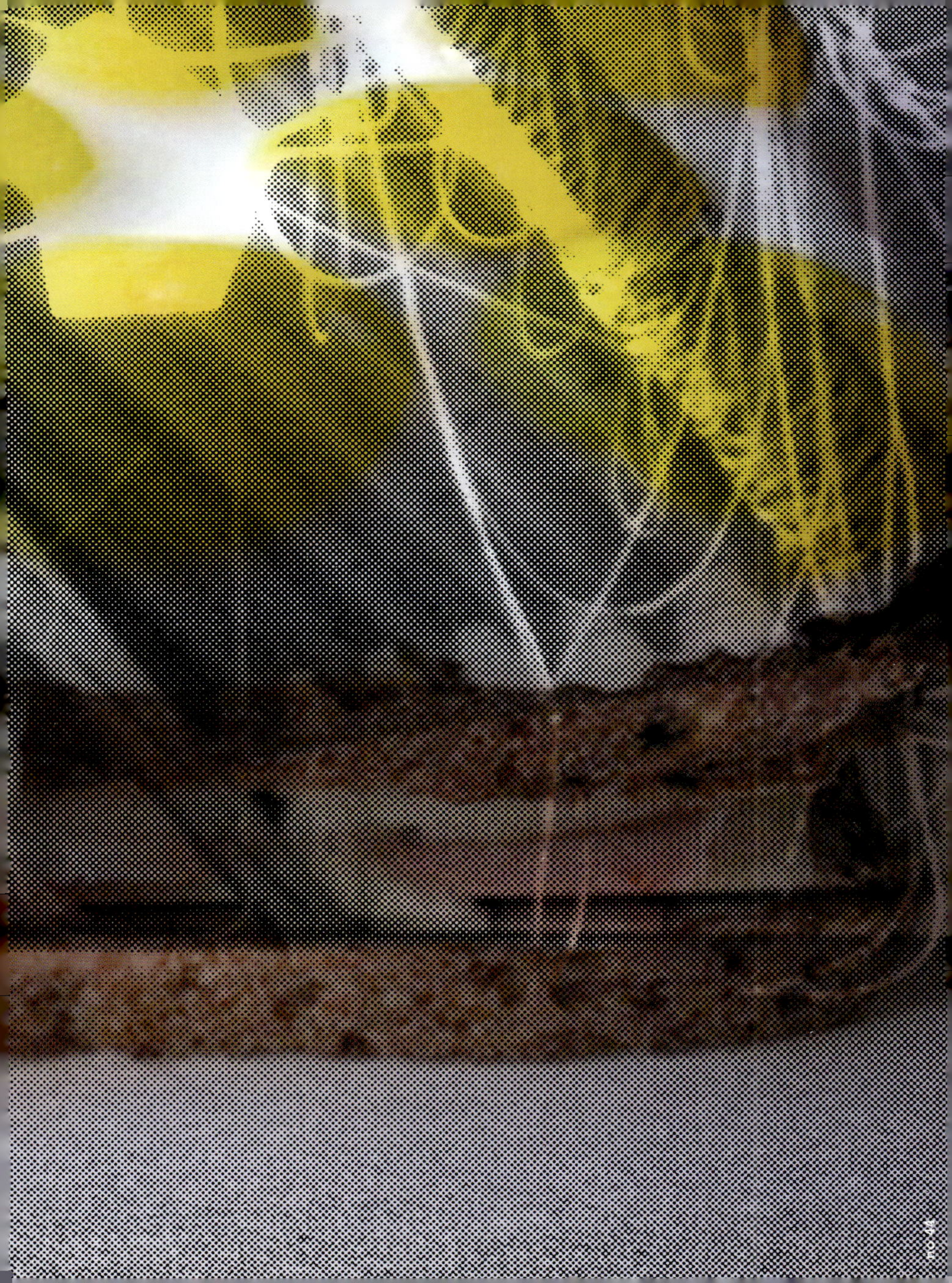
no 44

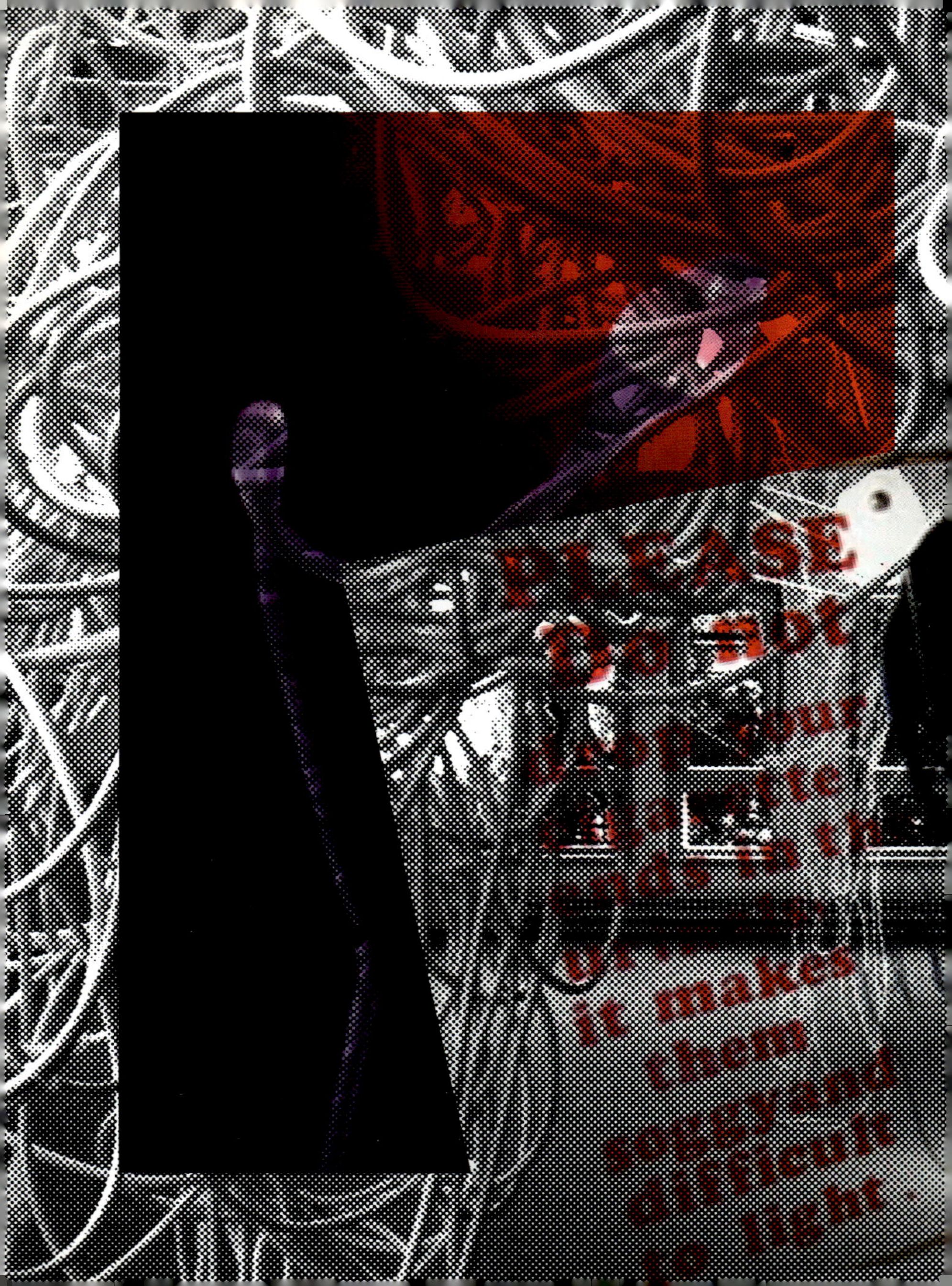
PLEASE
Do not
it makes
them
soggyand
difficult
to light

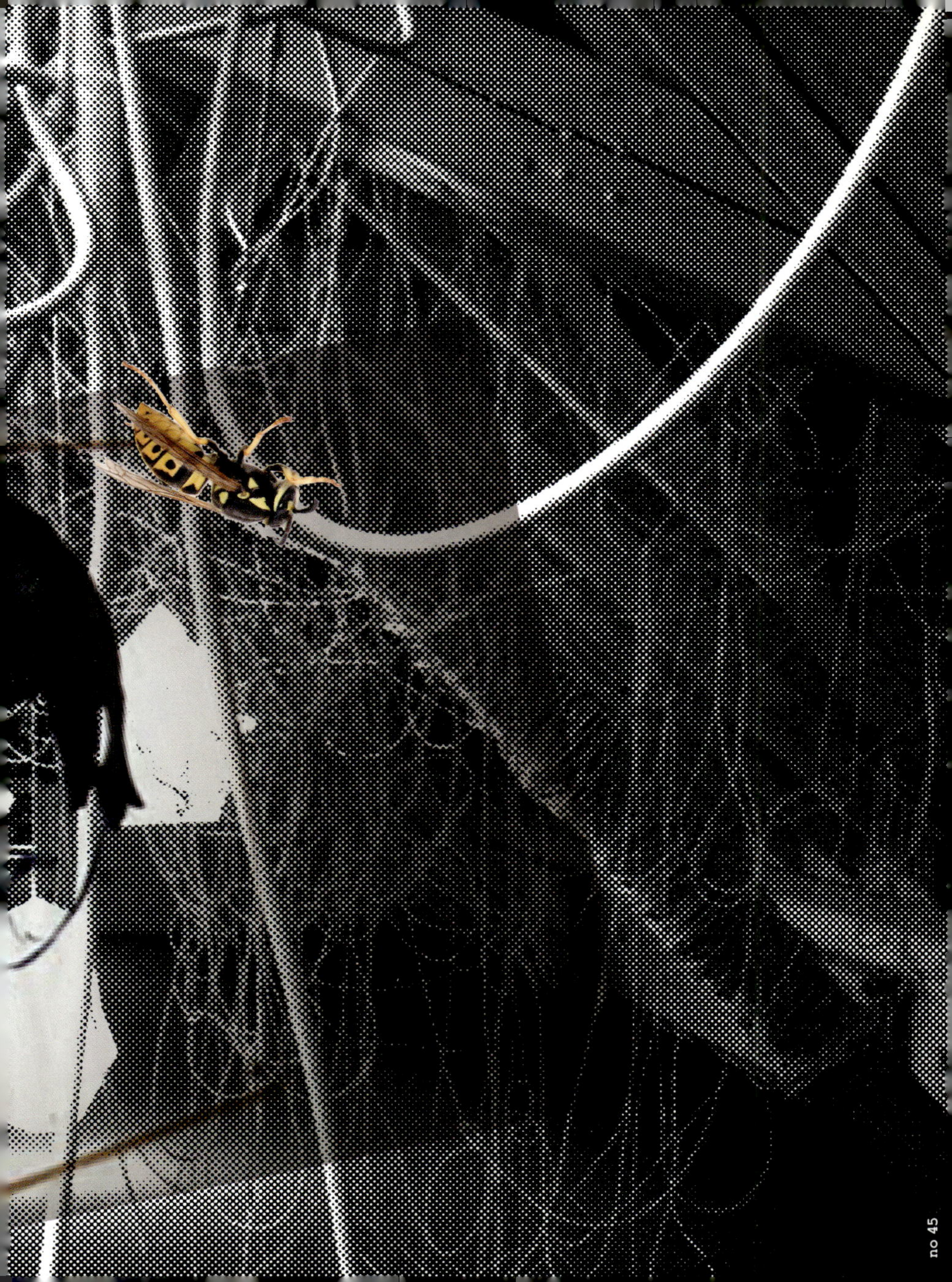

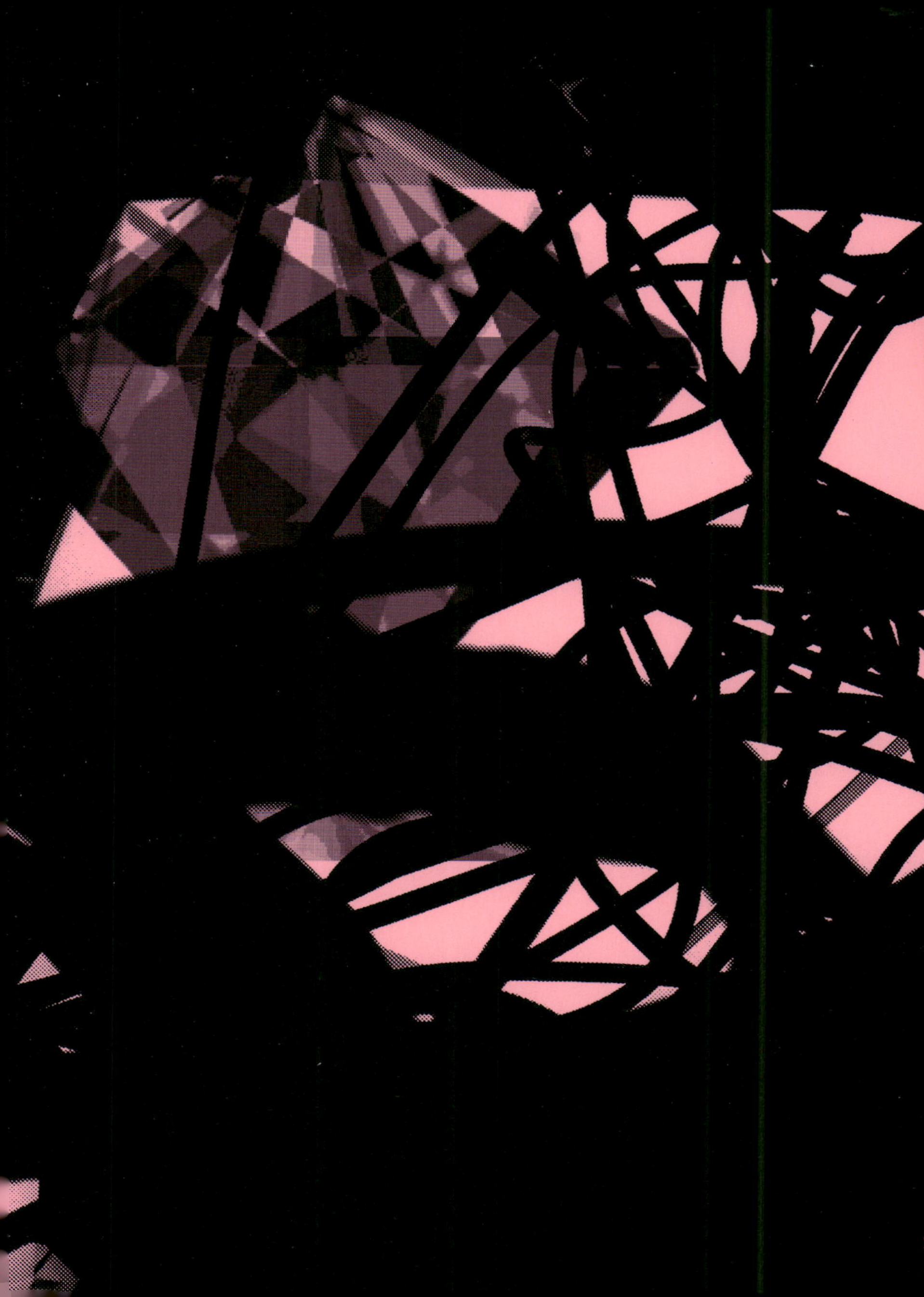
no 46

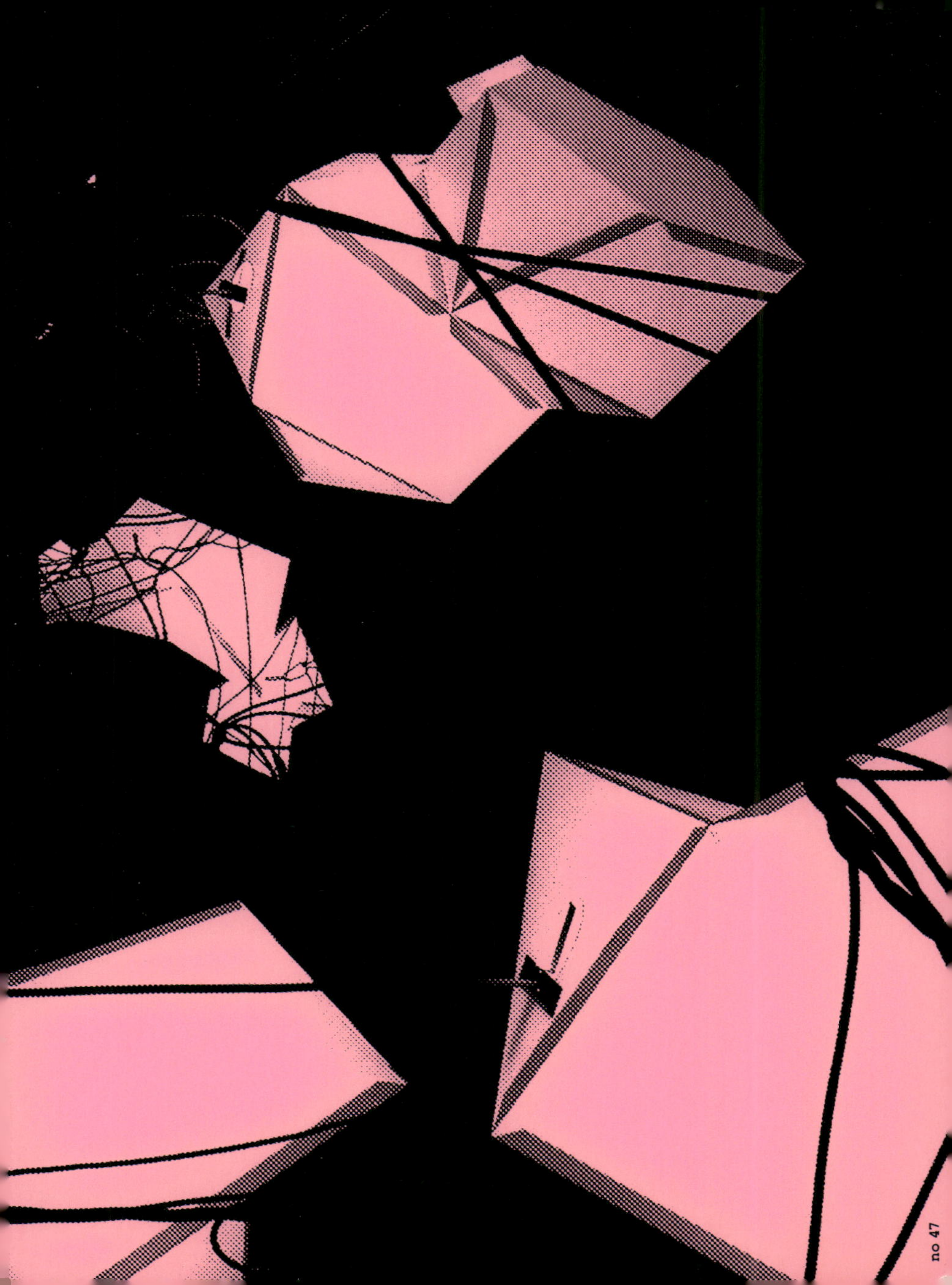
no 47

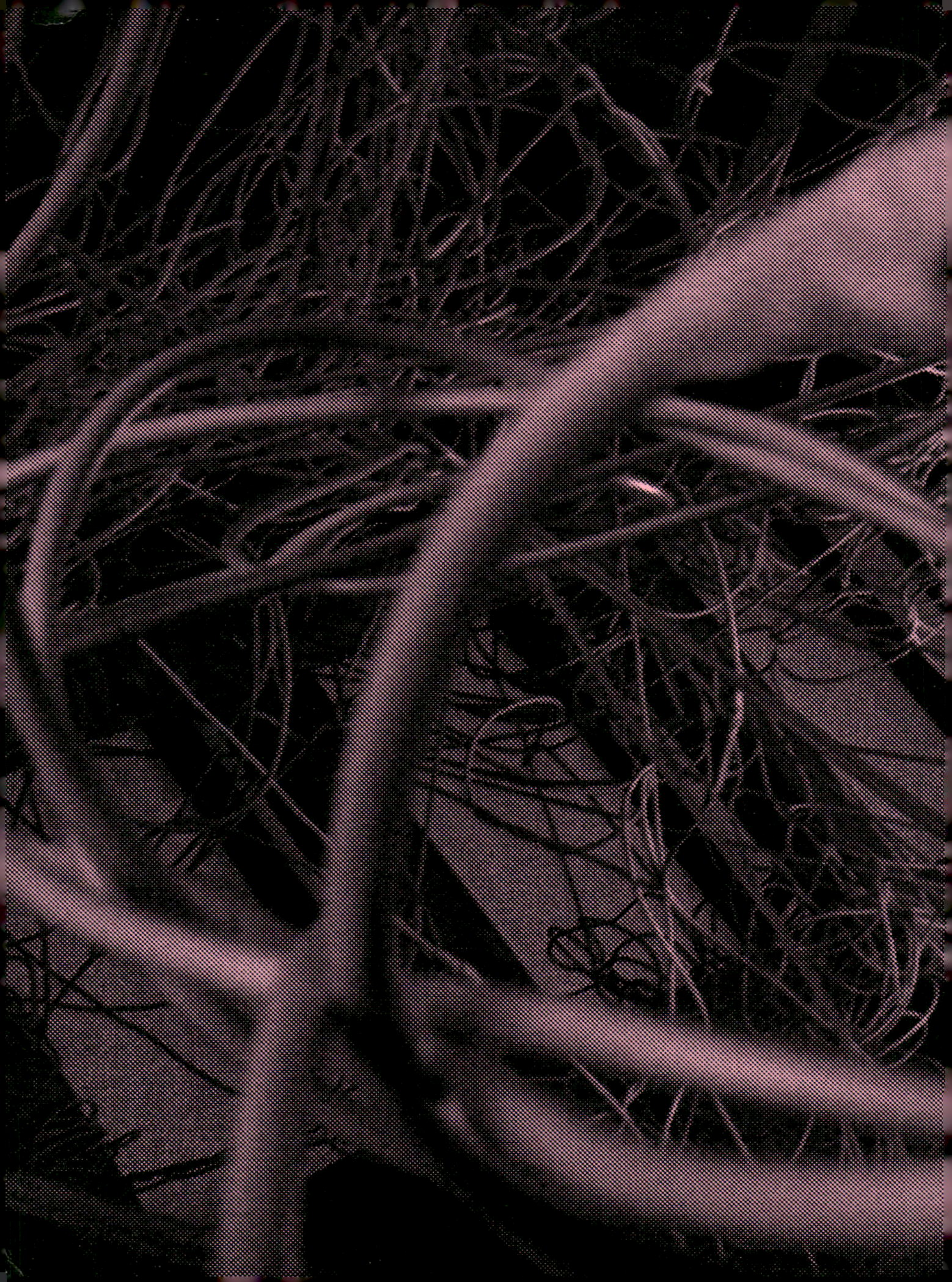

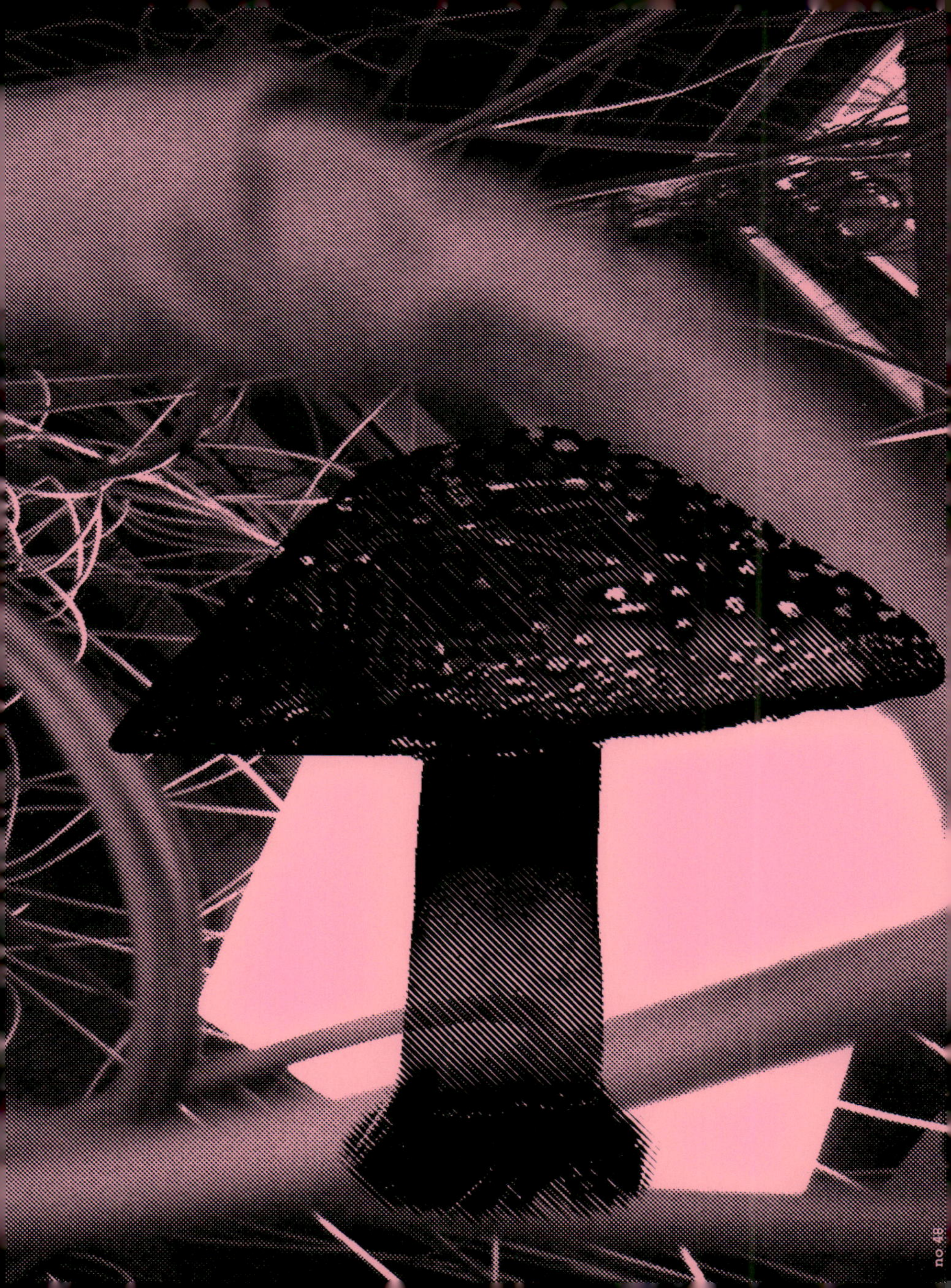

no 48

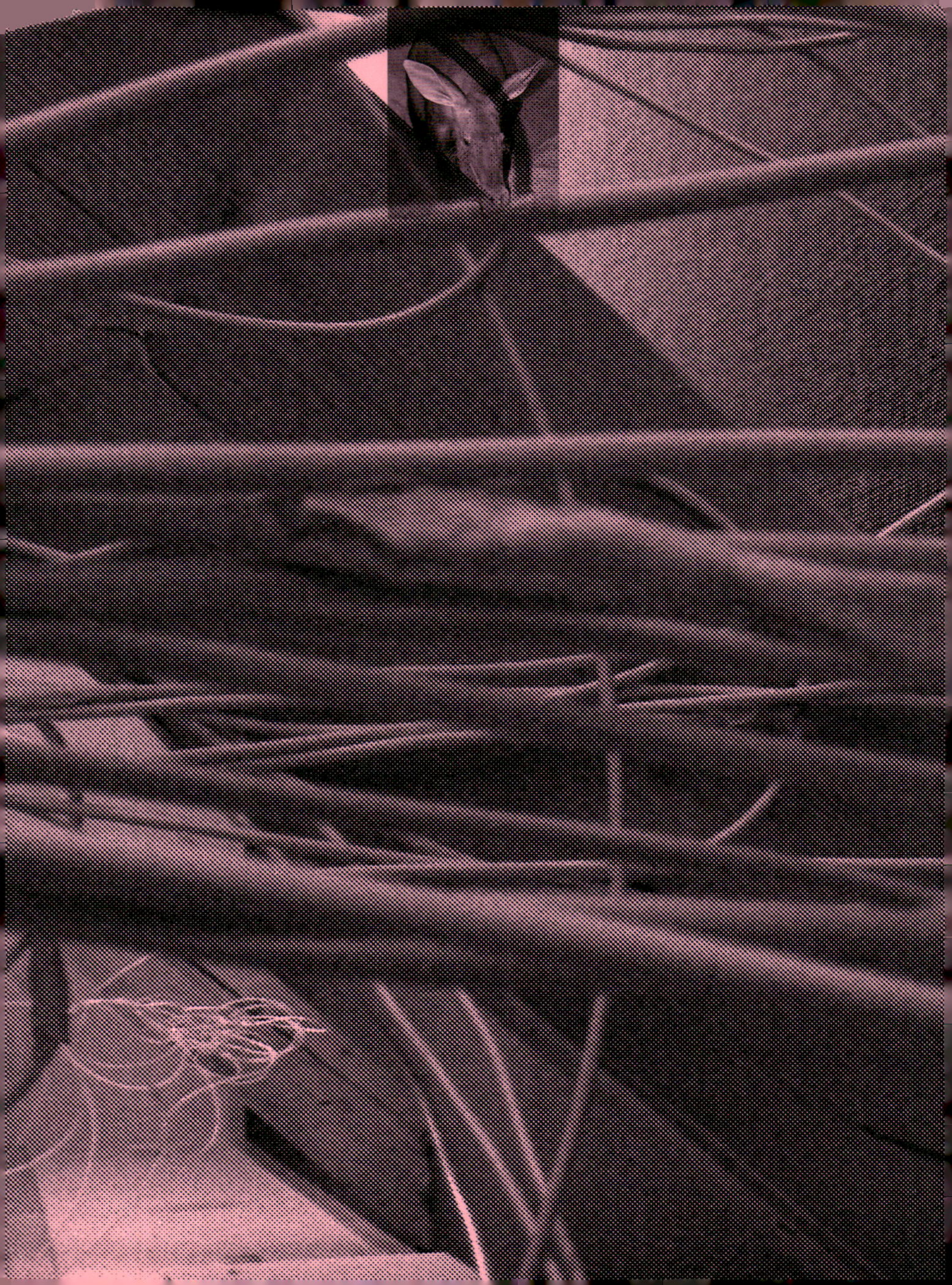

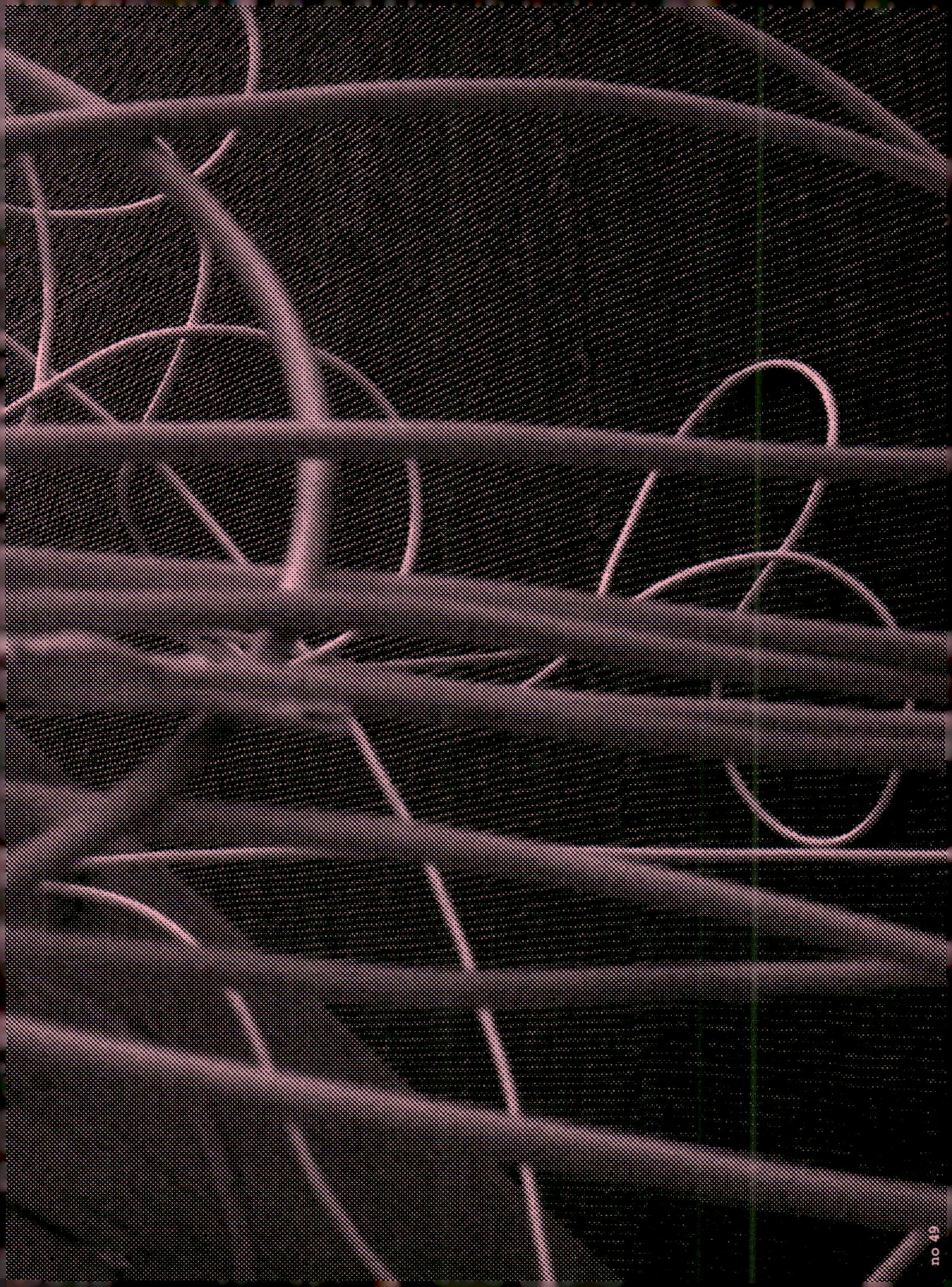
no 49

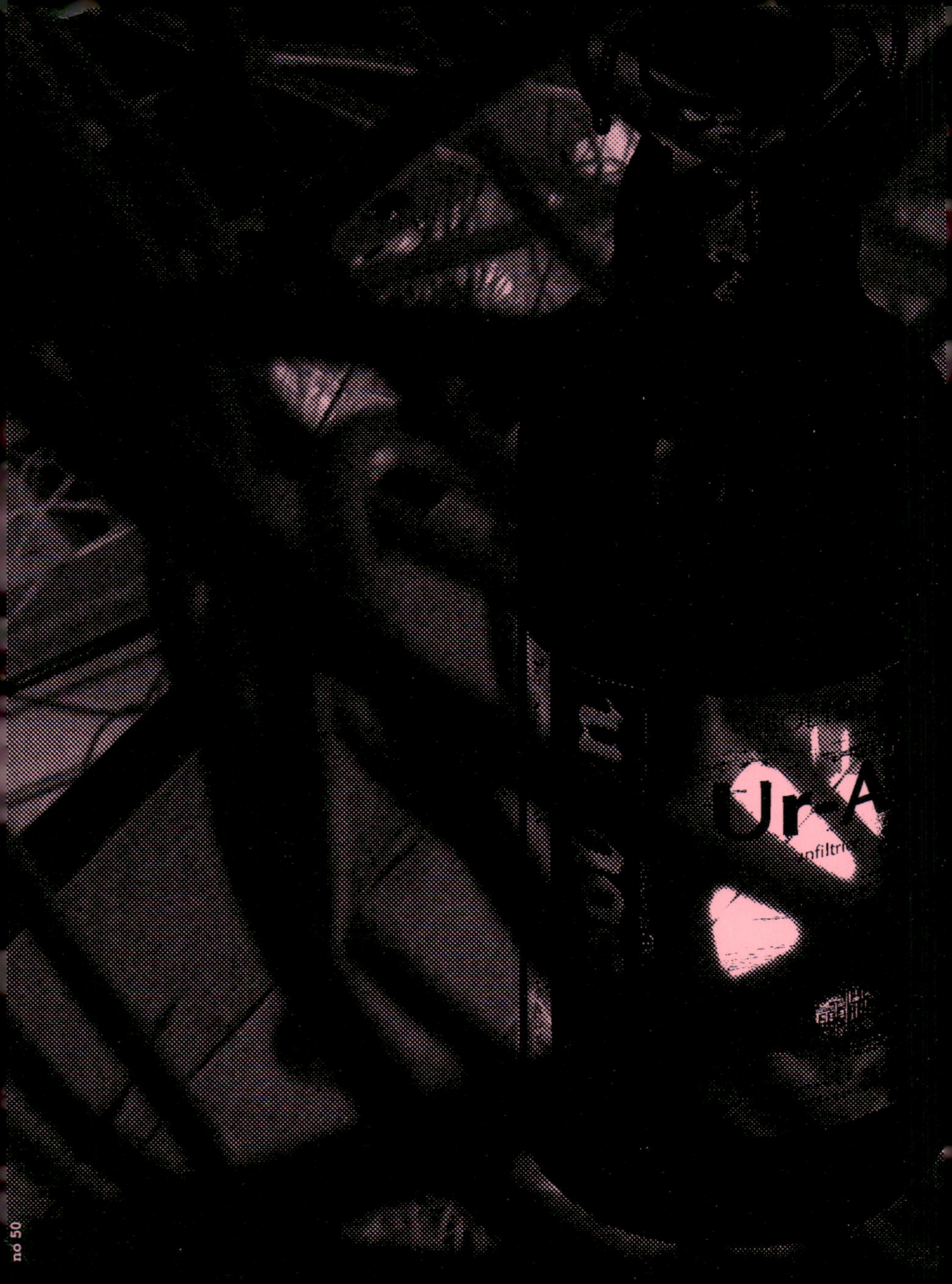

no 50

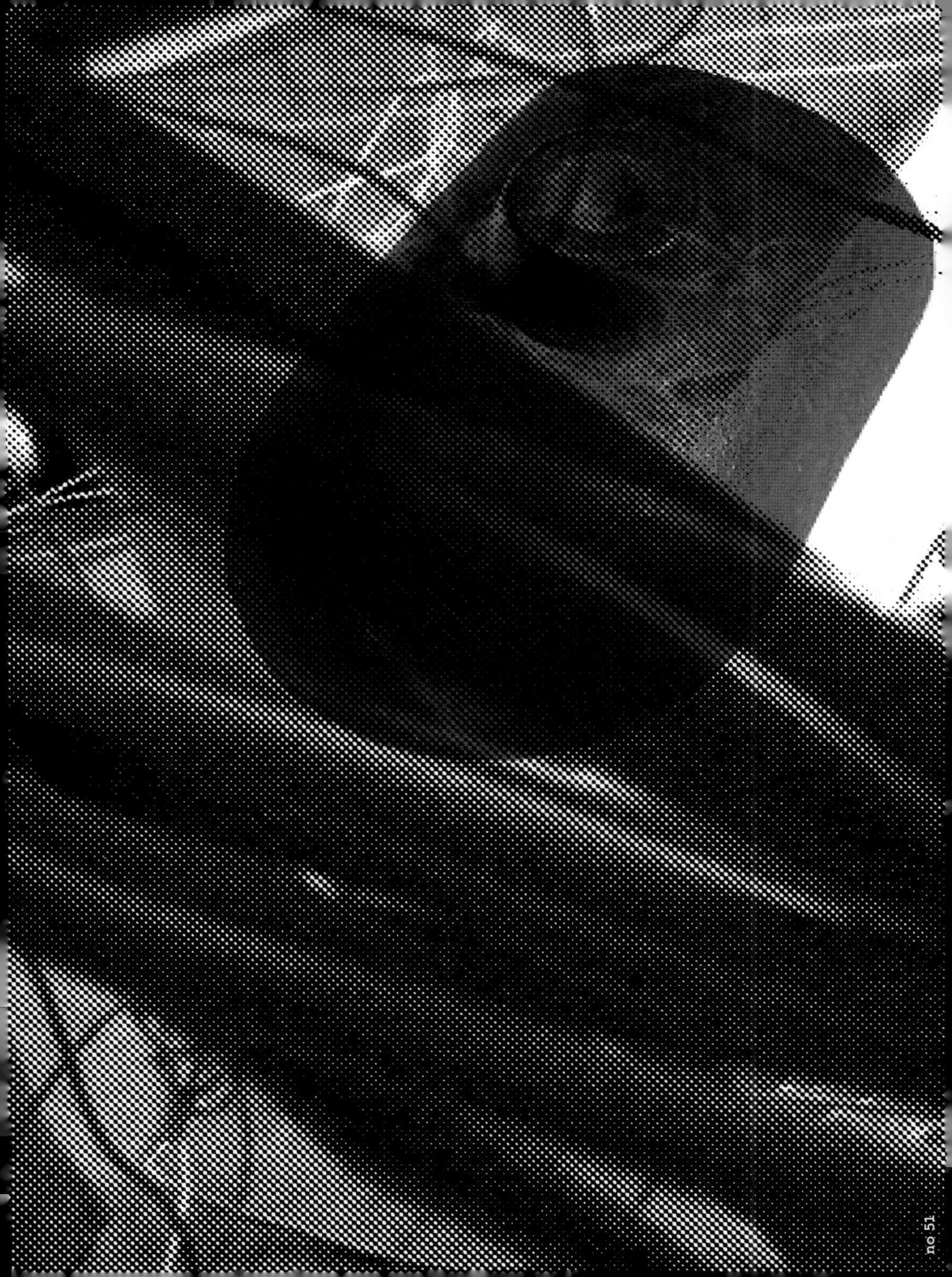
no 51

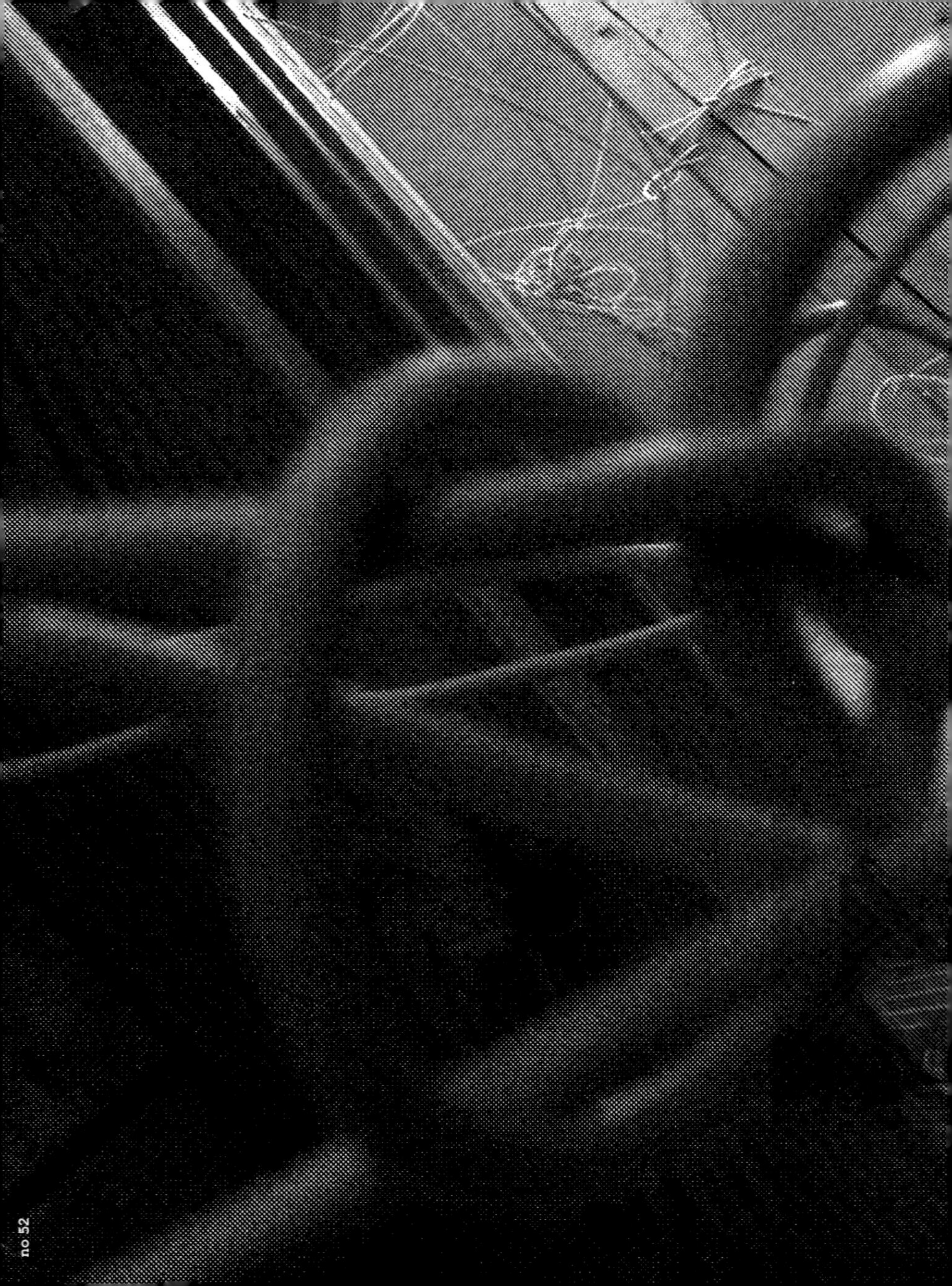

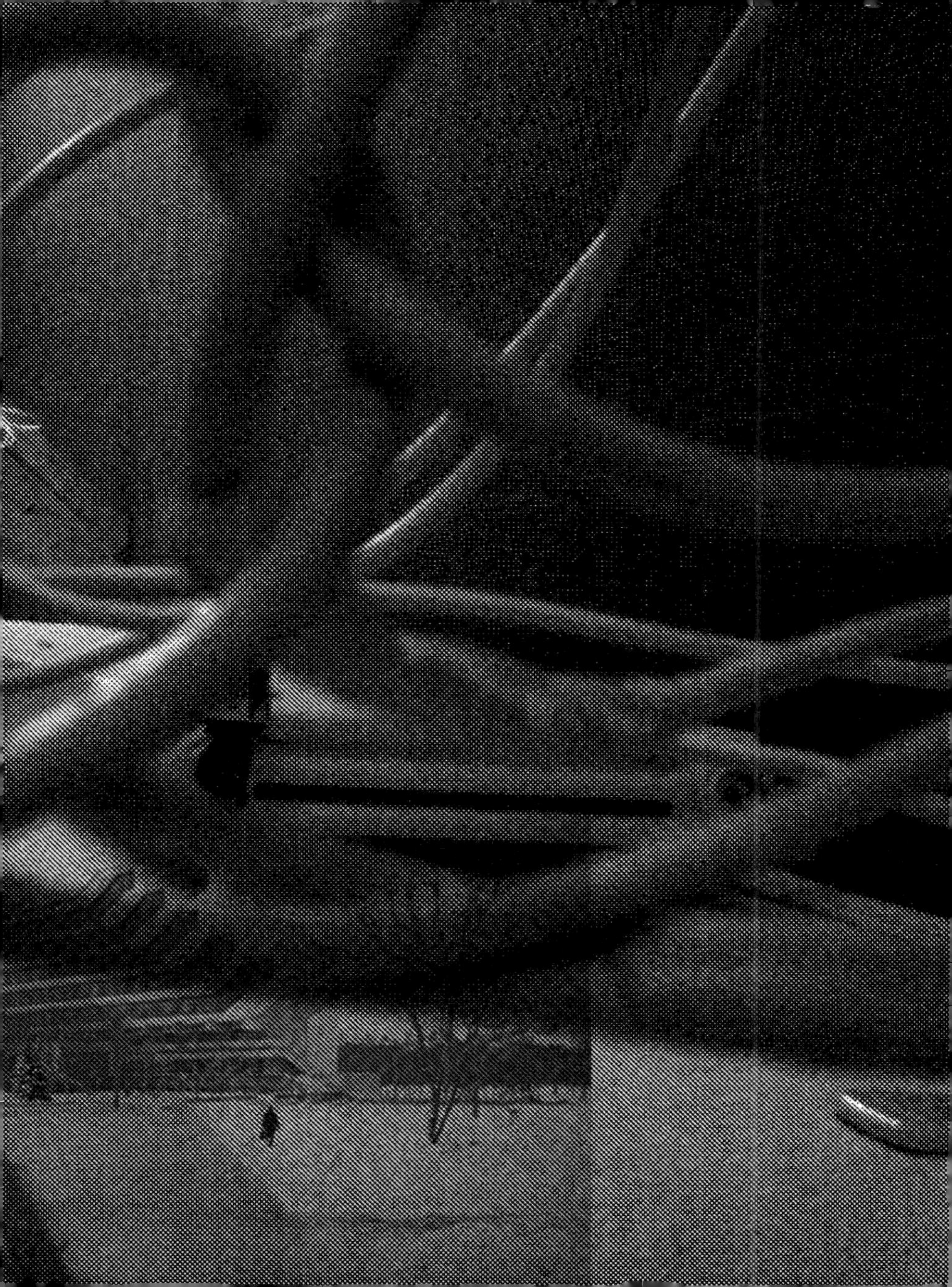

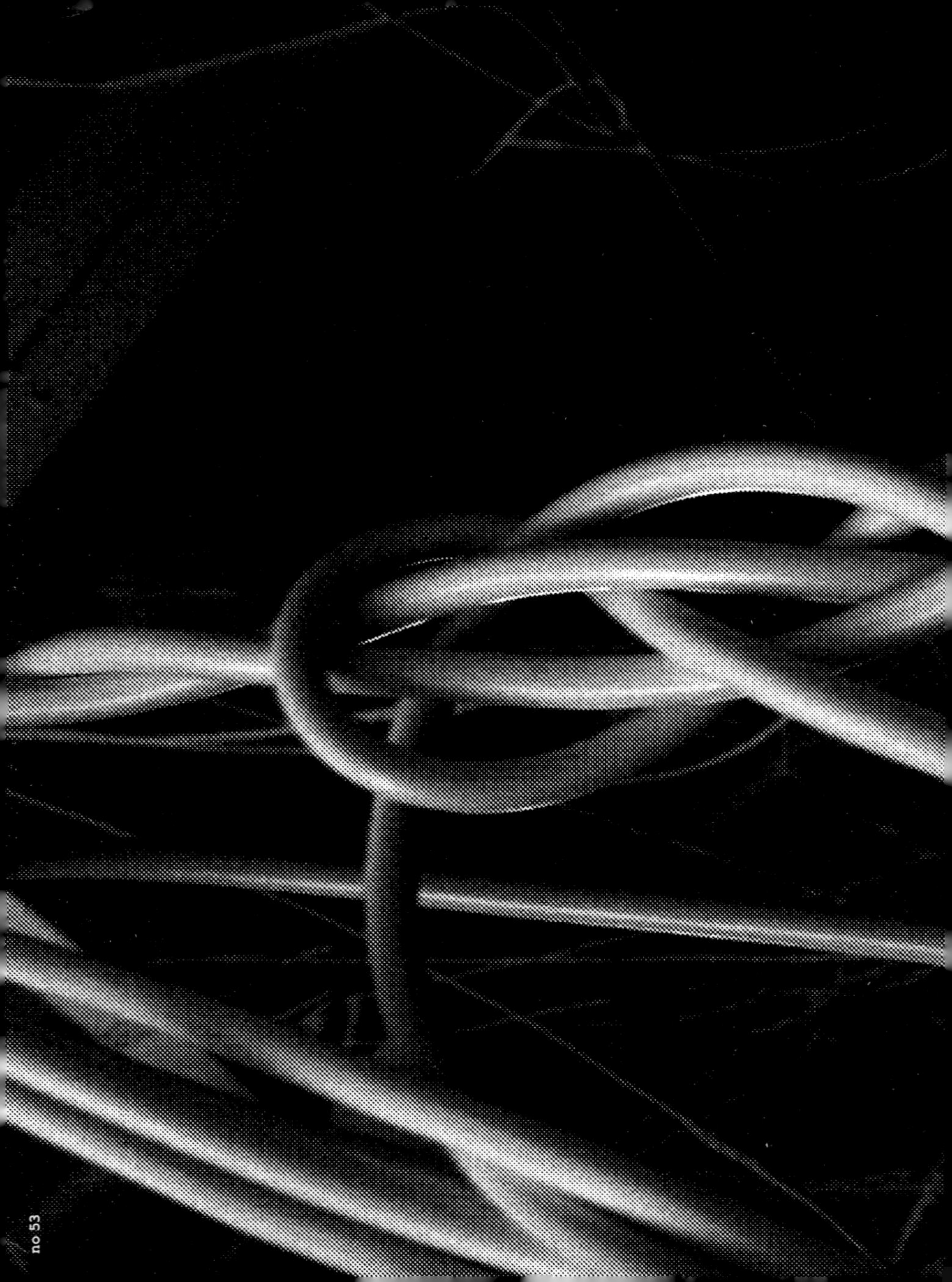

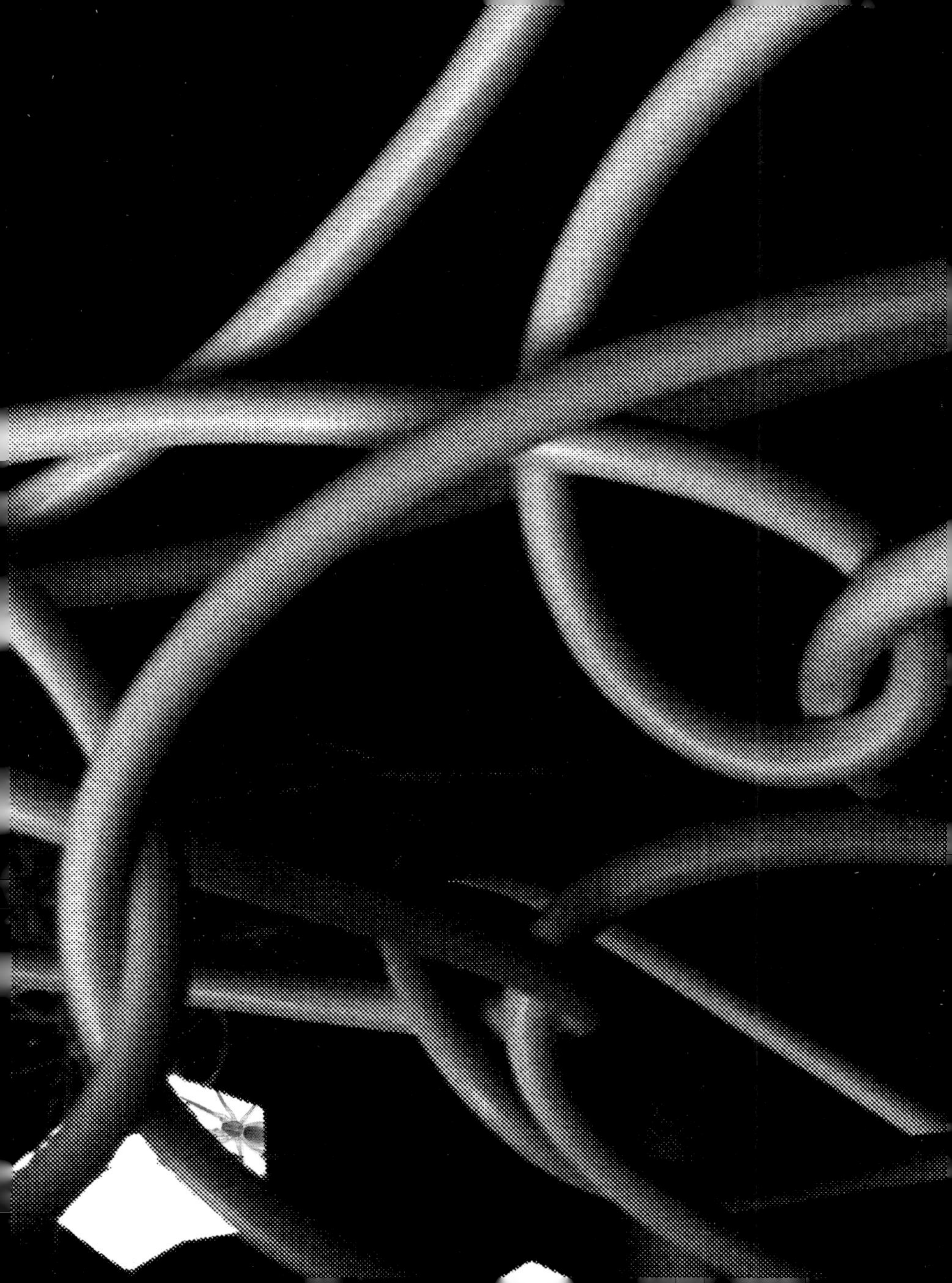

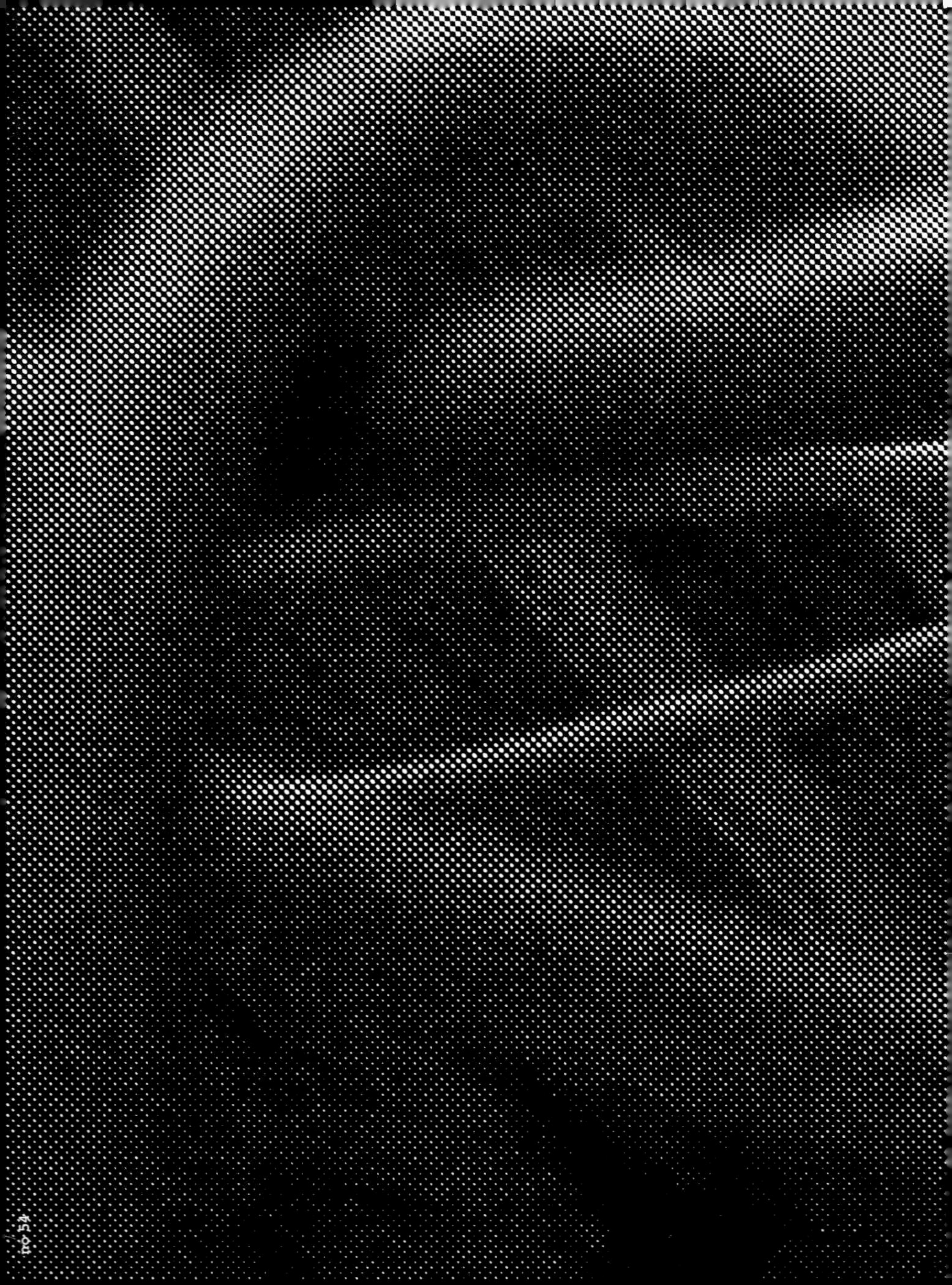

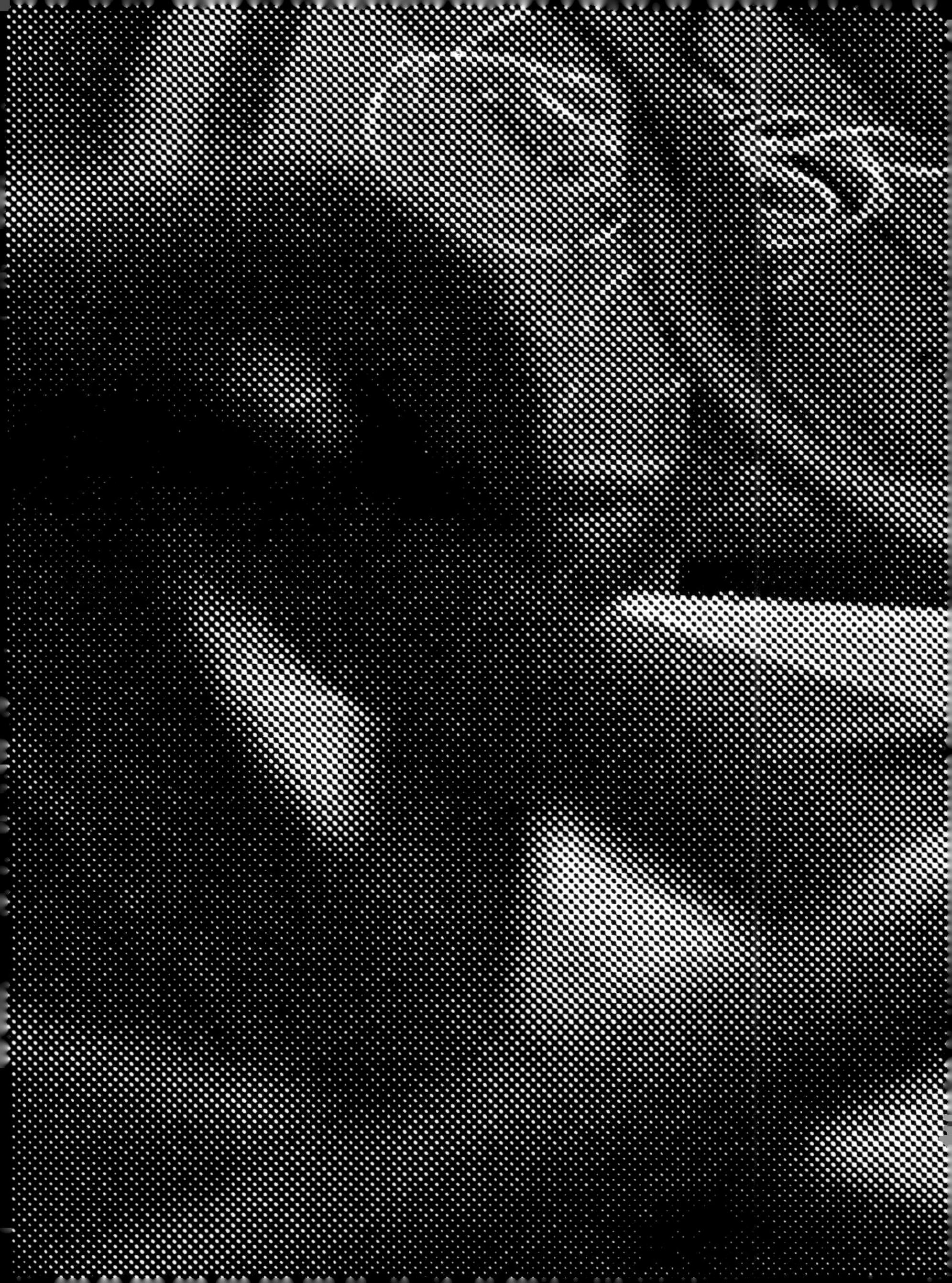

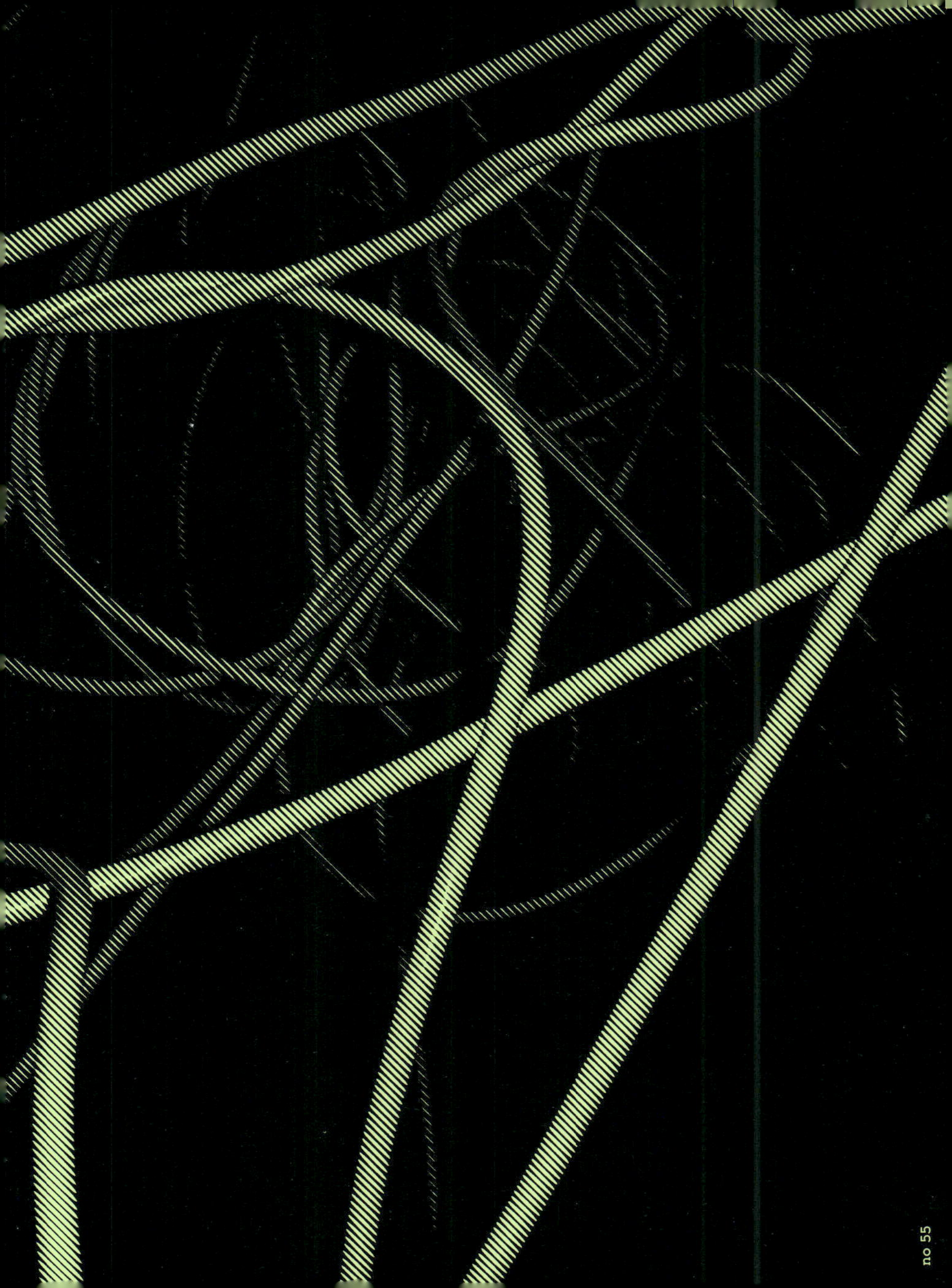

no 55

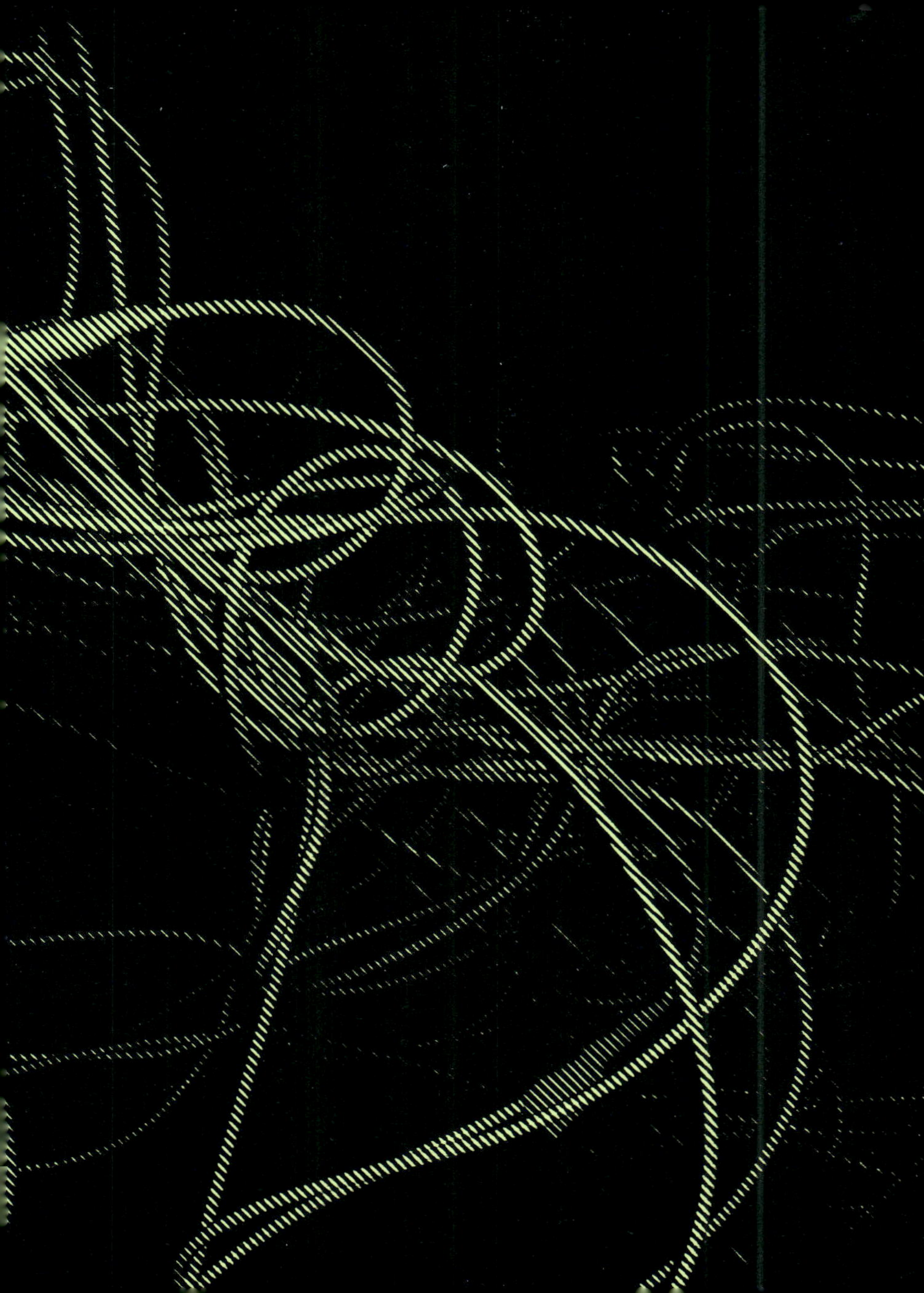

no 56

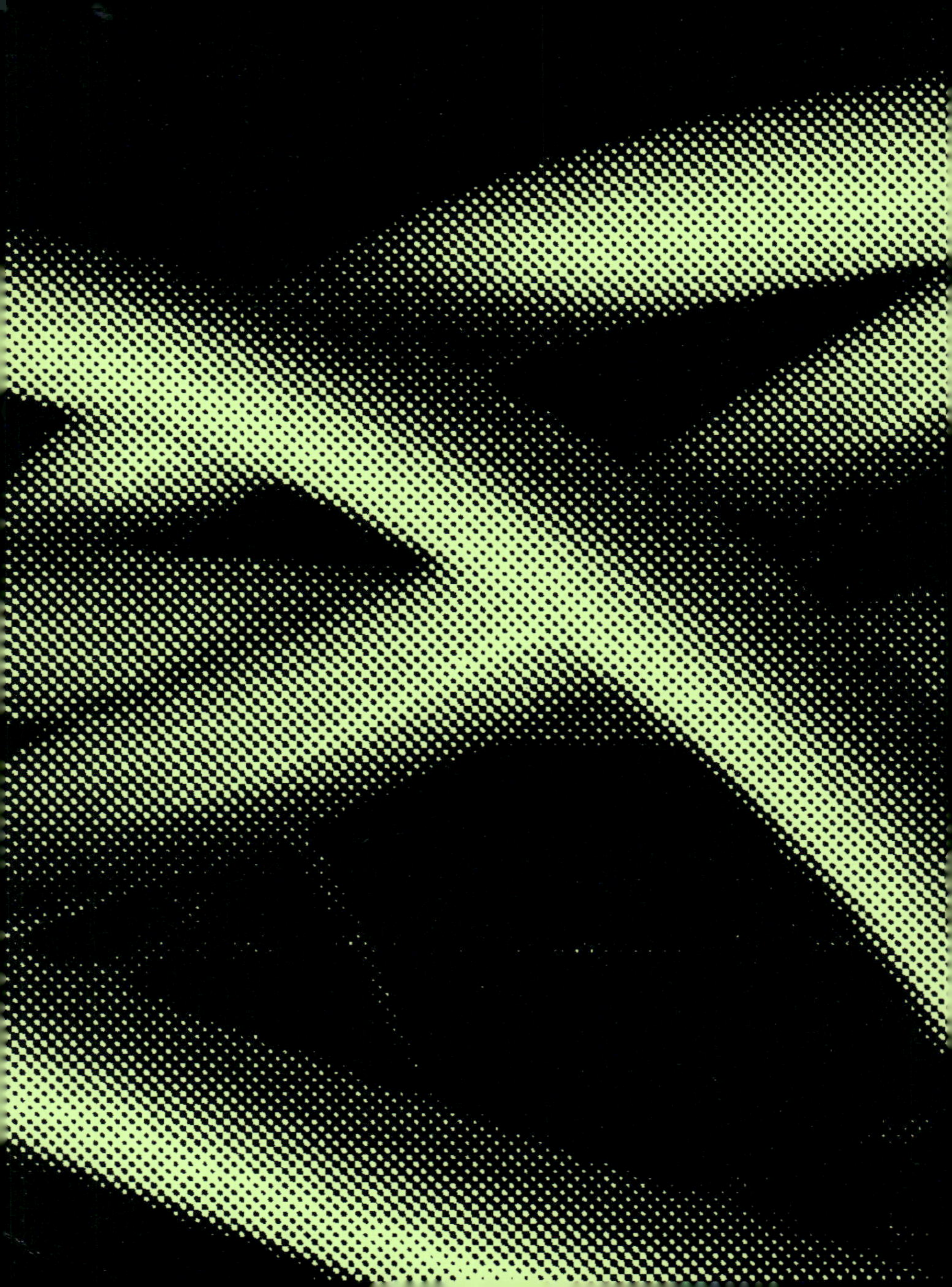

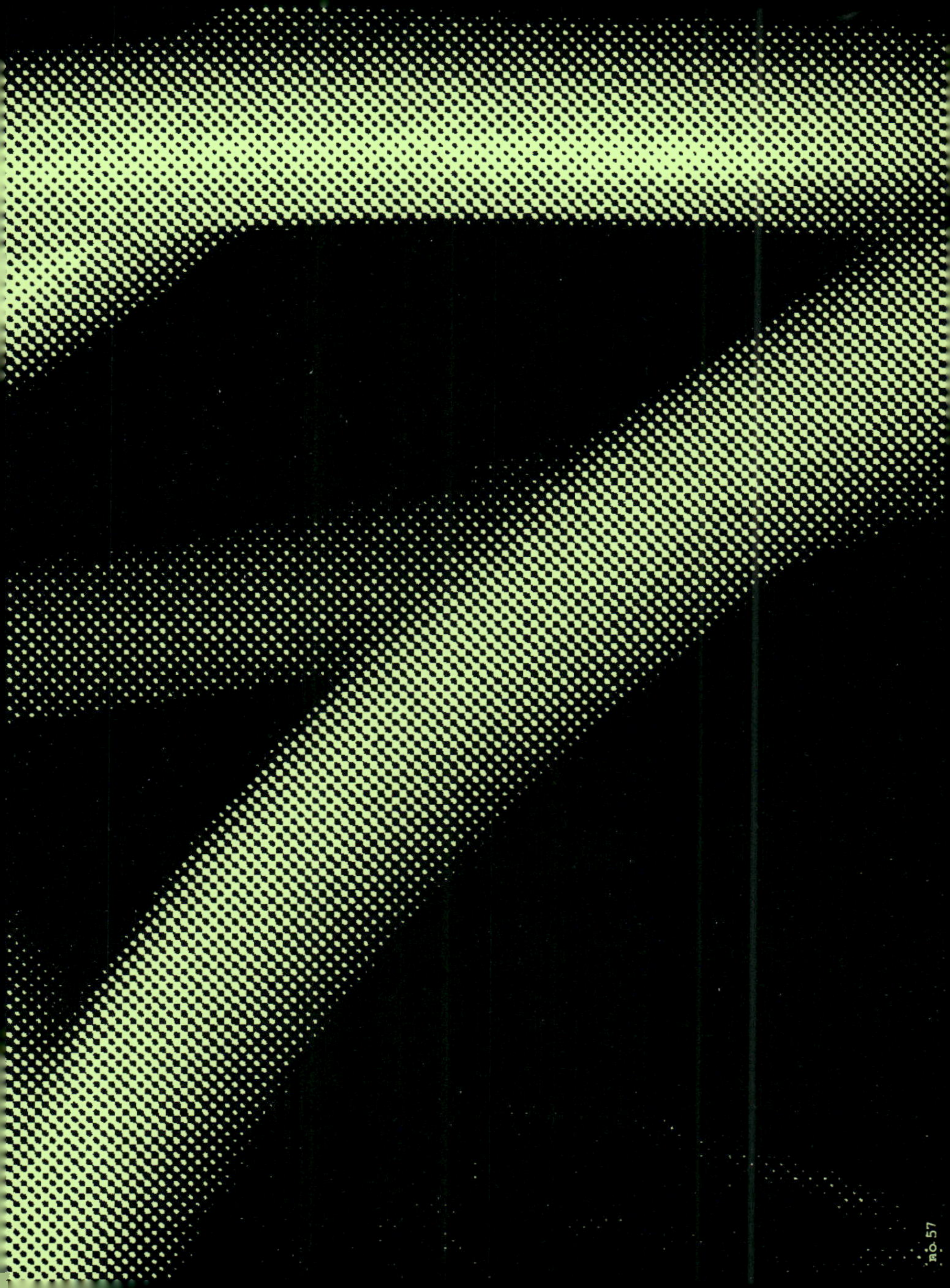

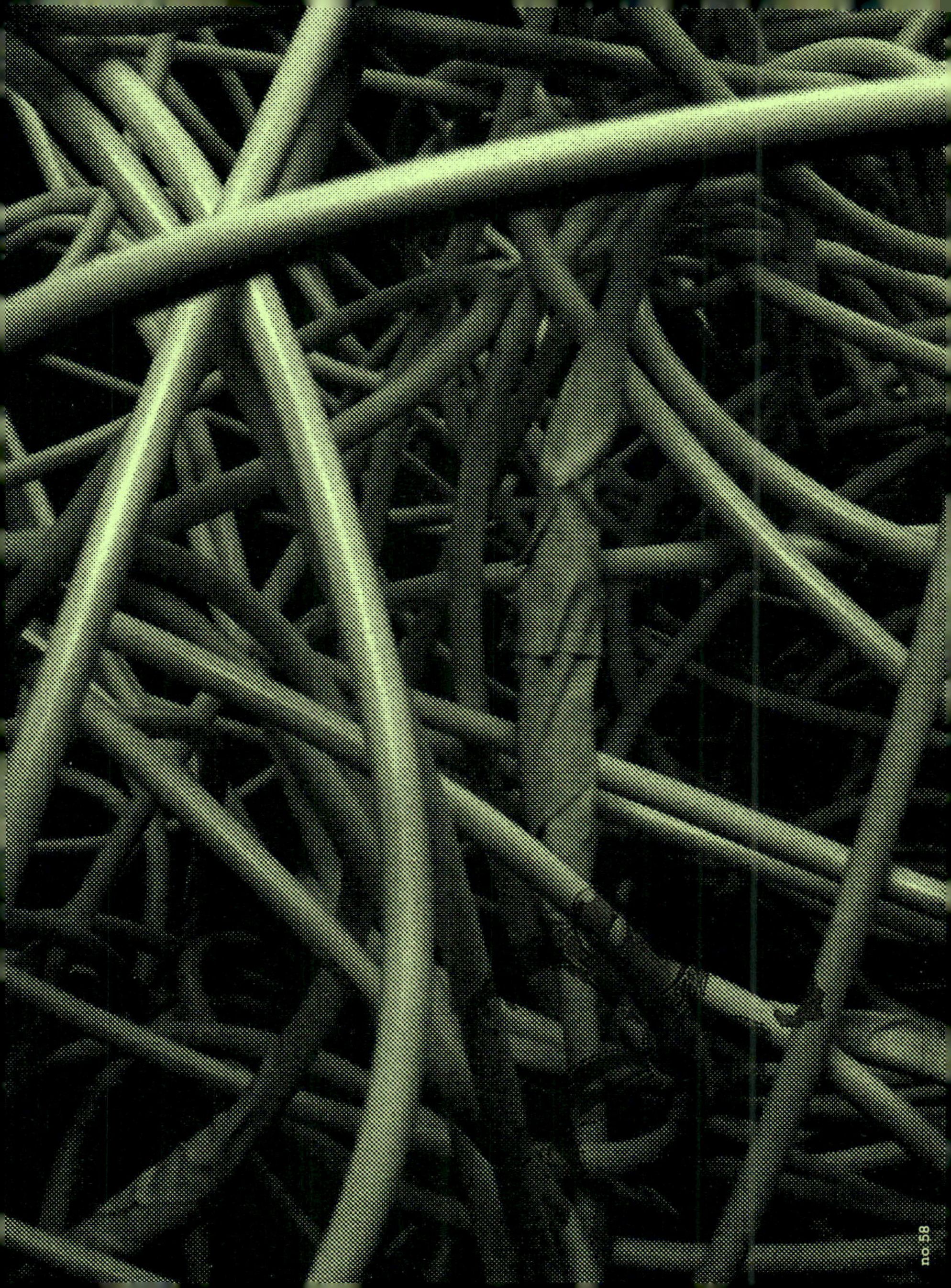

no 58

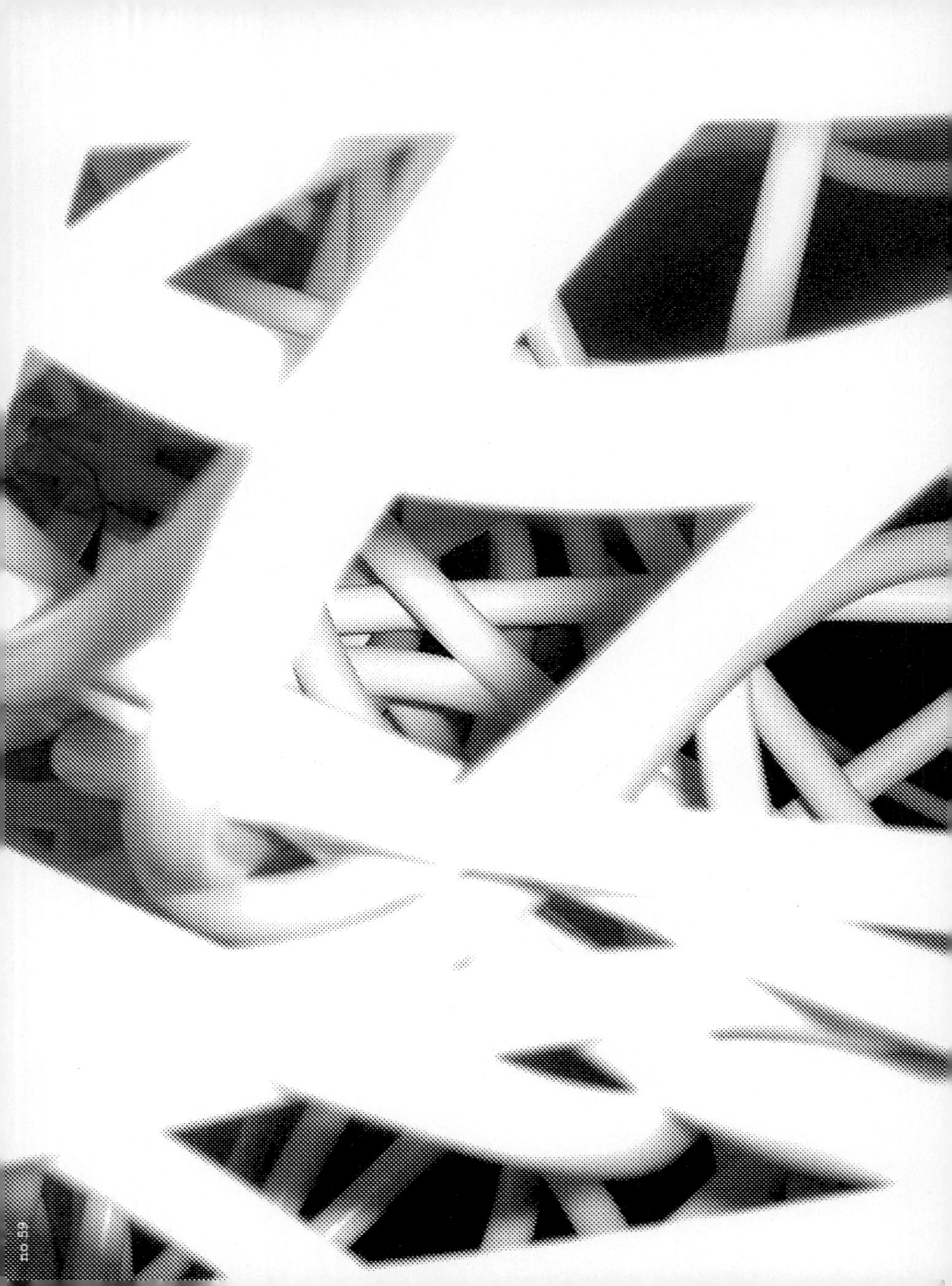
no 59

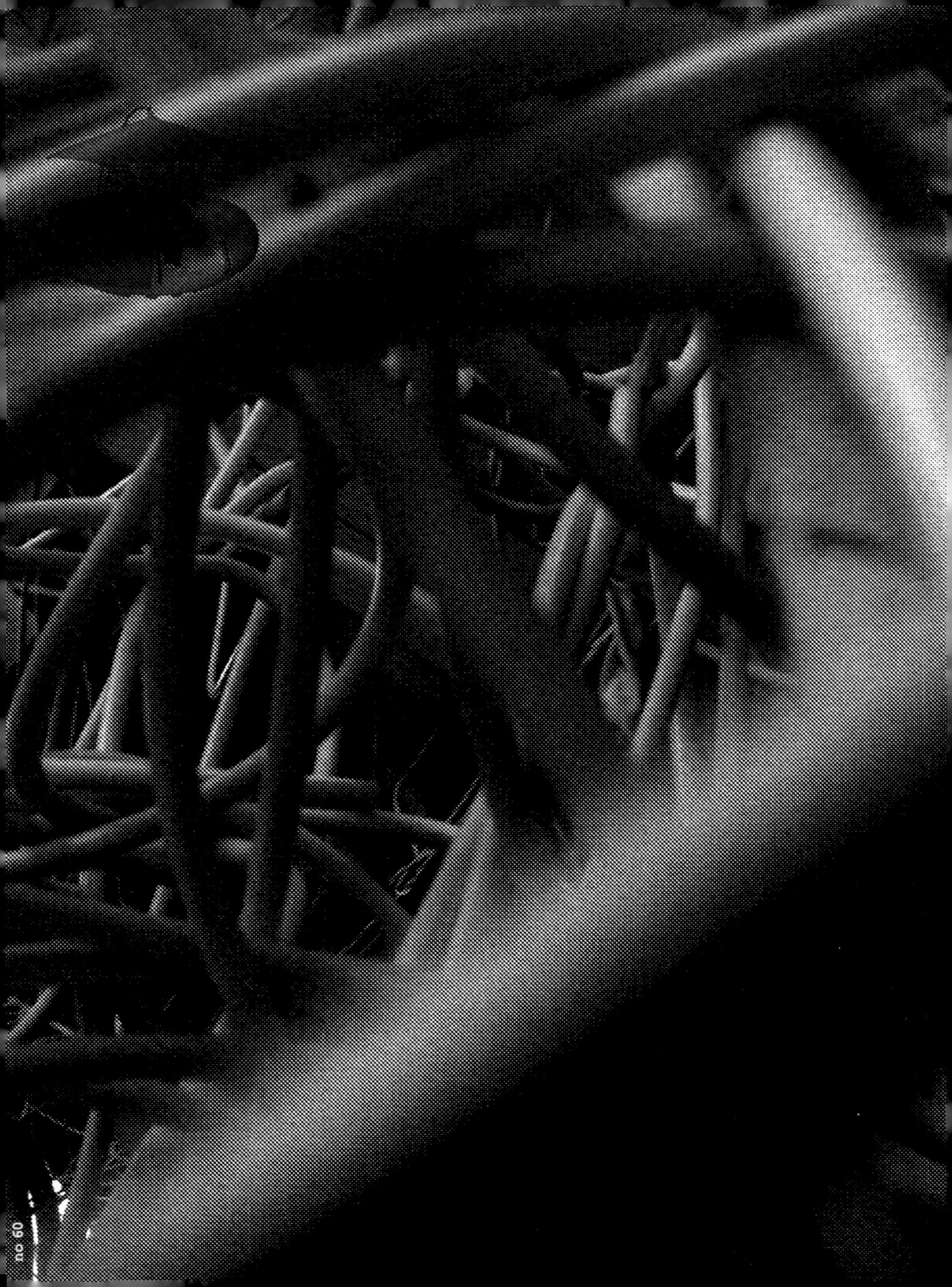
no 60

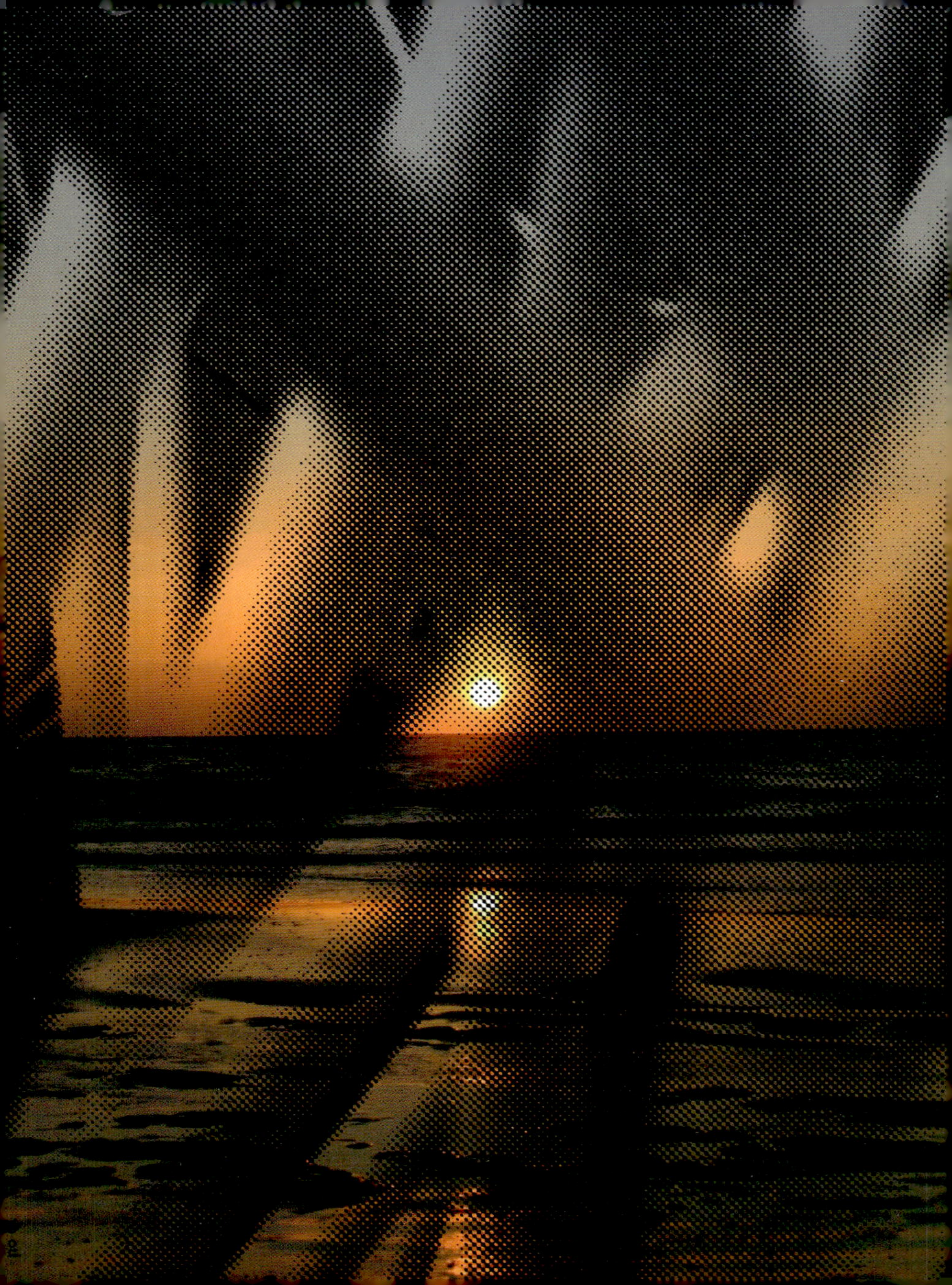

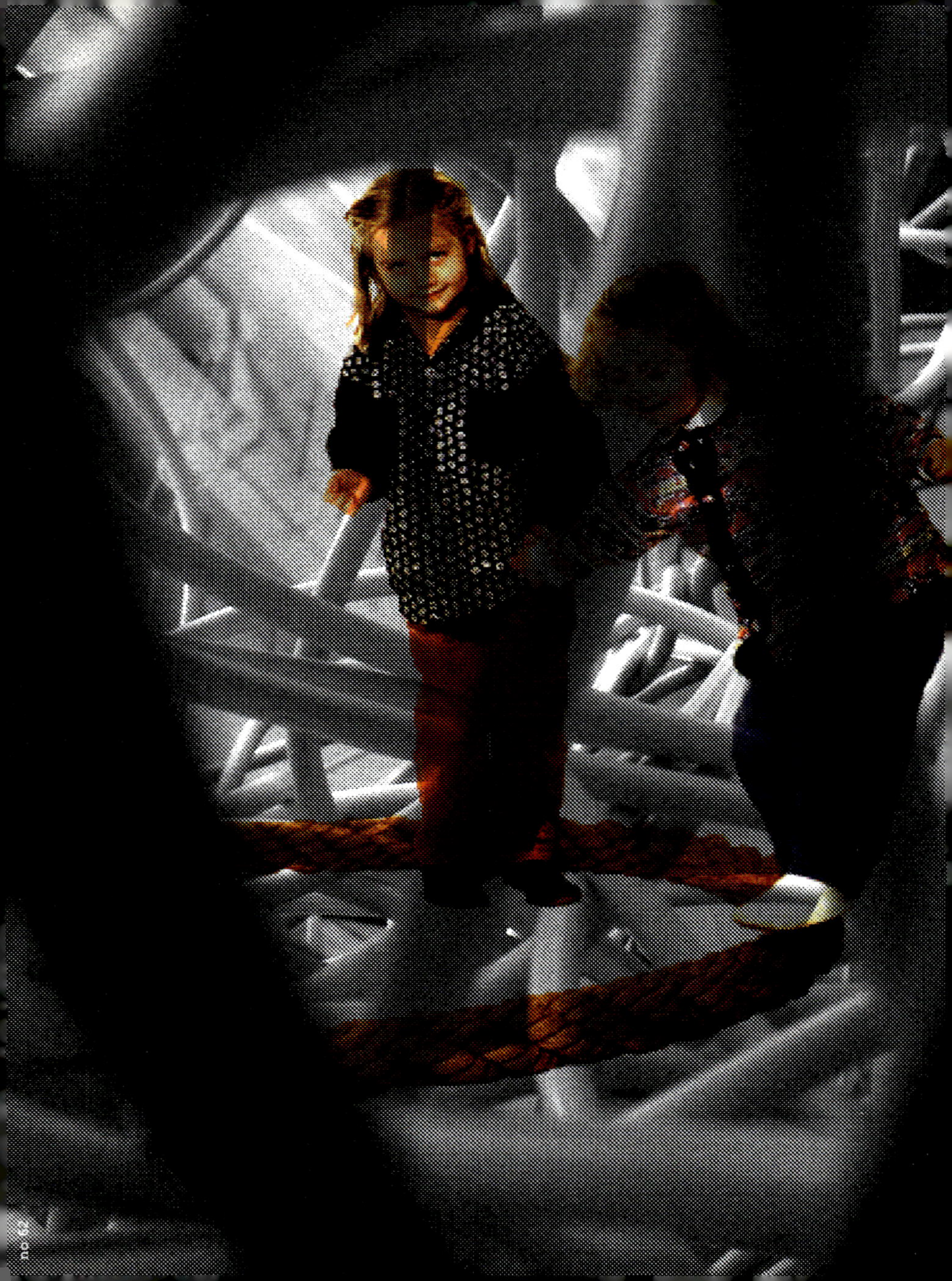
no 62

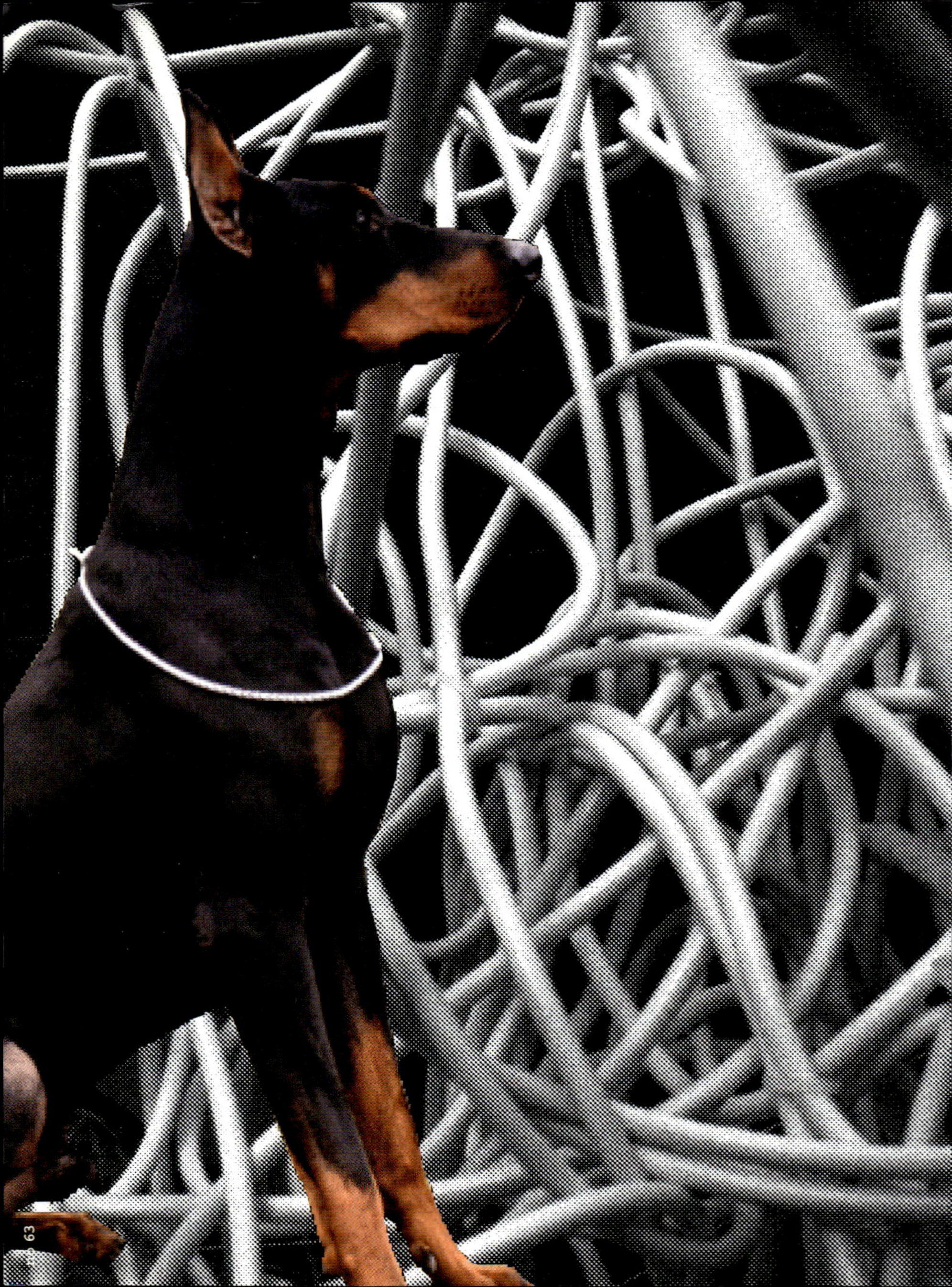

63

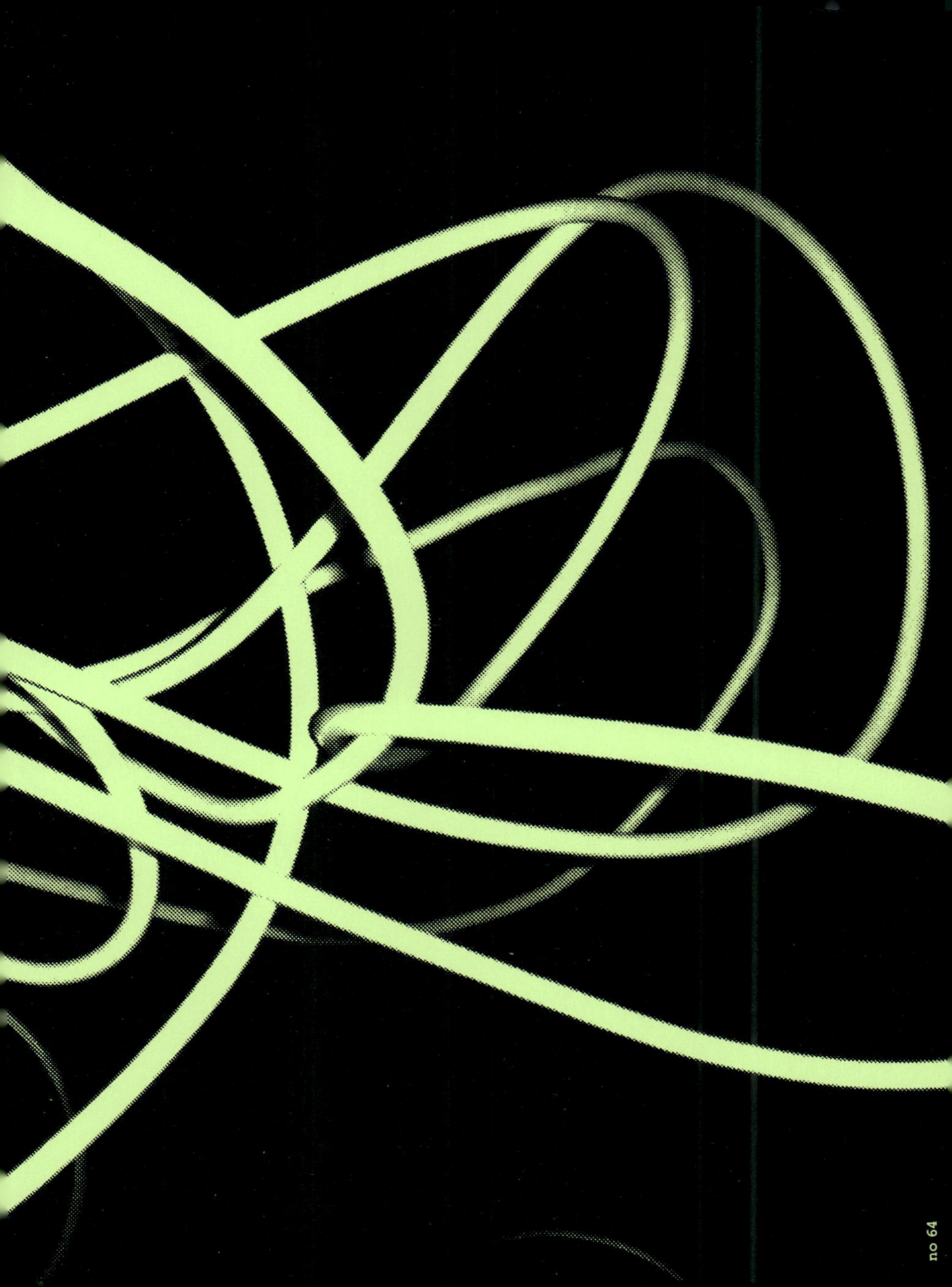
no 64

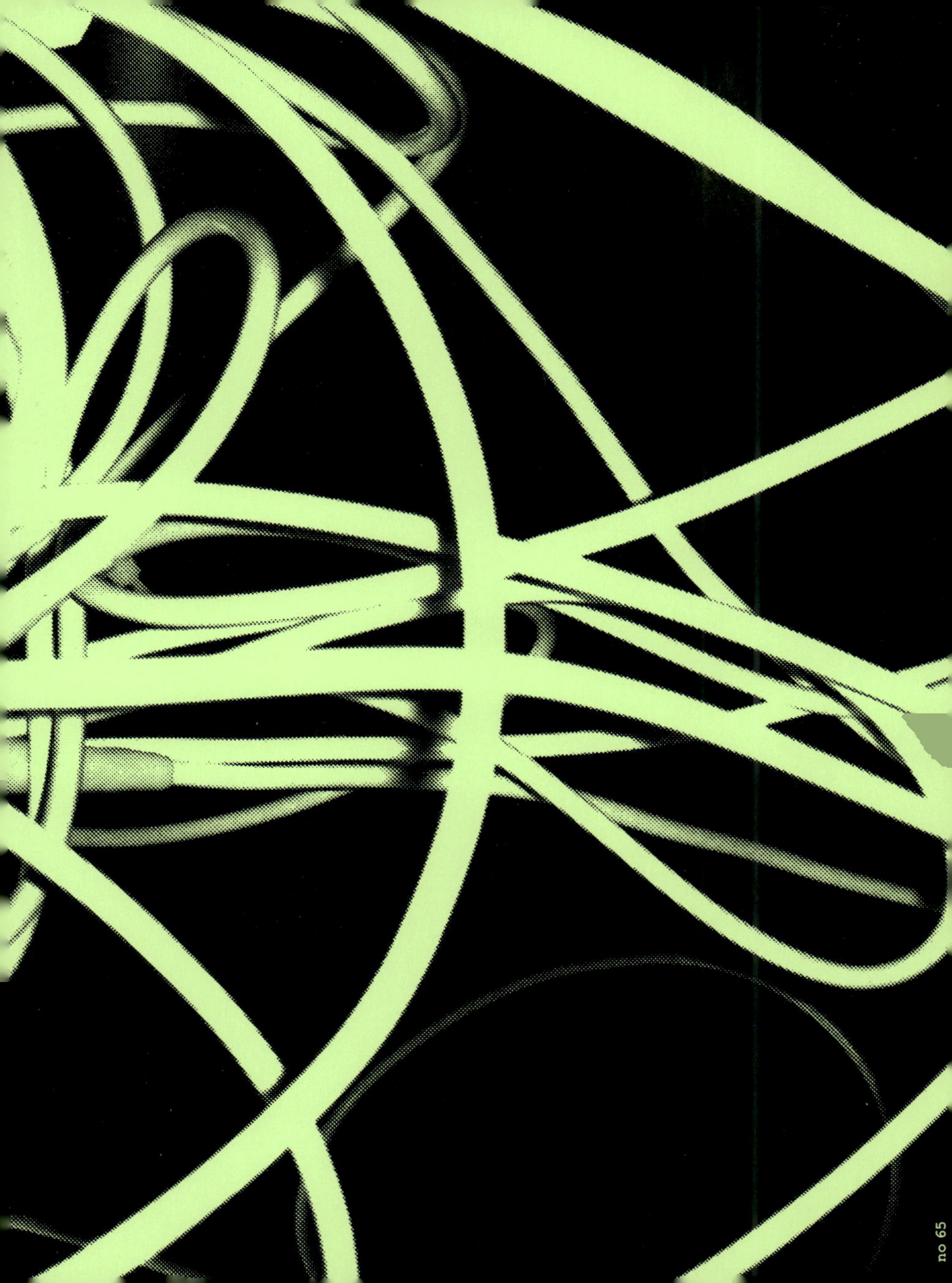

no 65

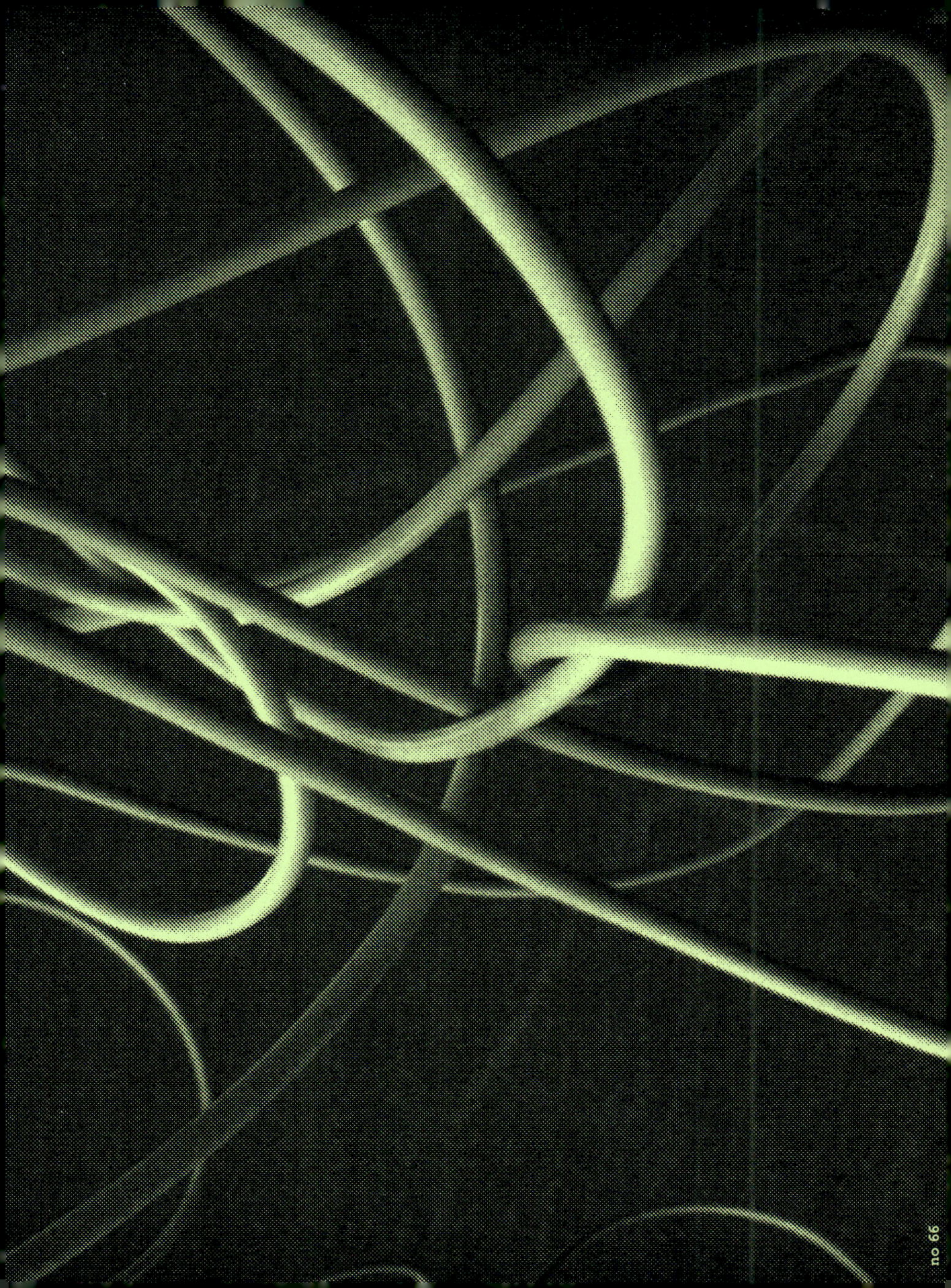

no 66

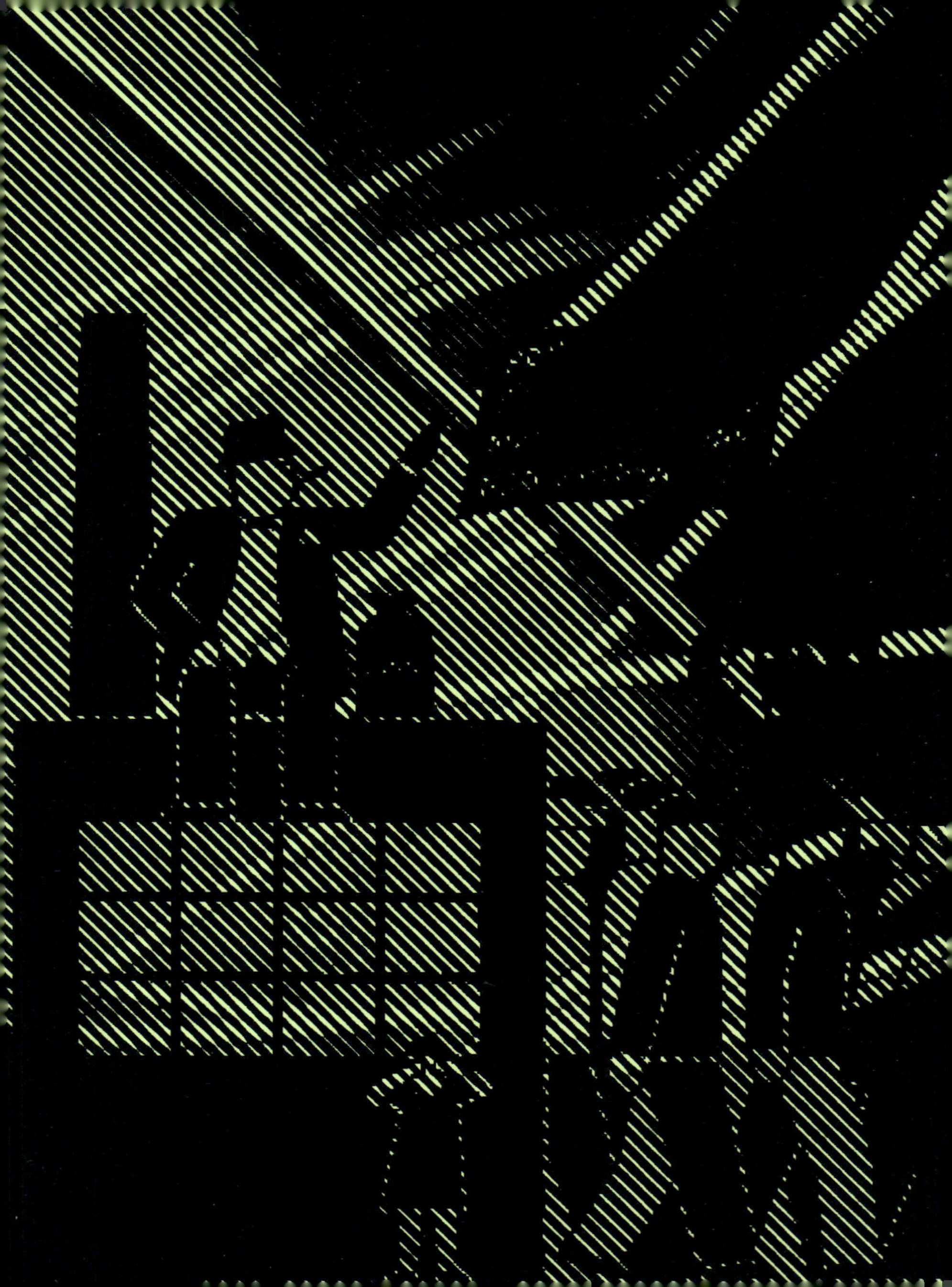

no 67

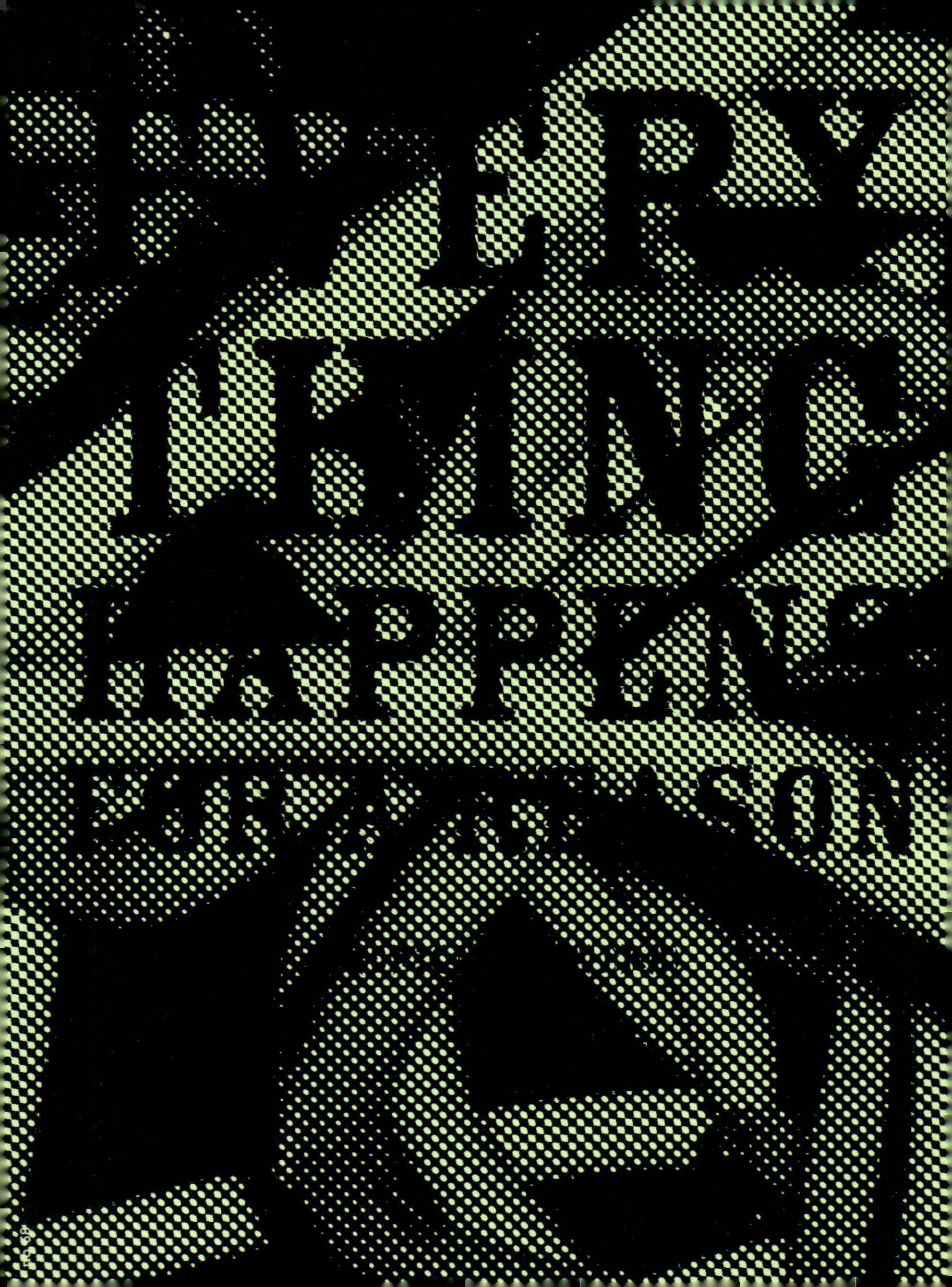

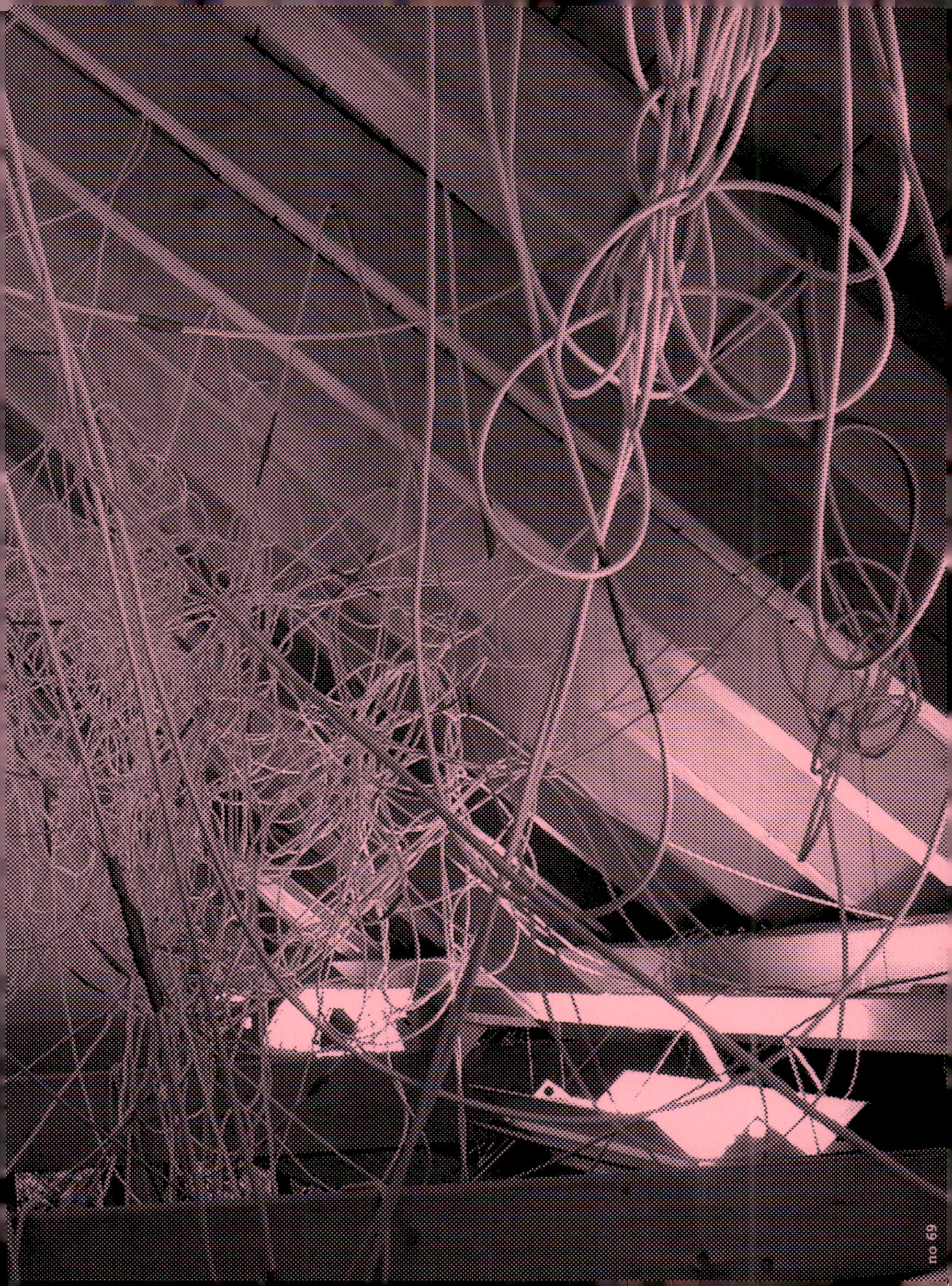
no 69

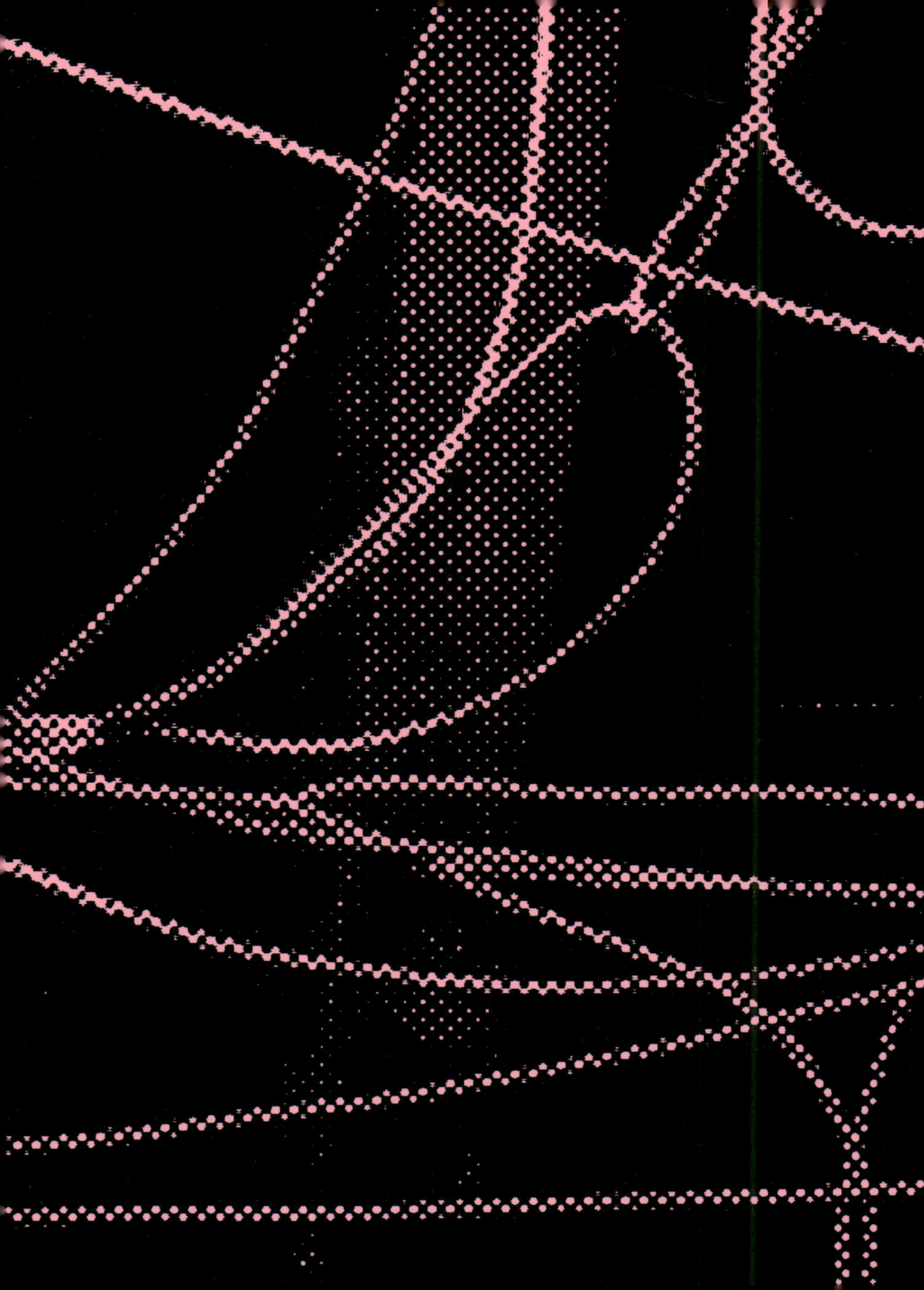

no 70

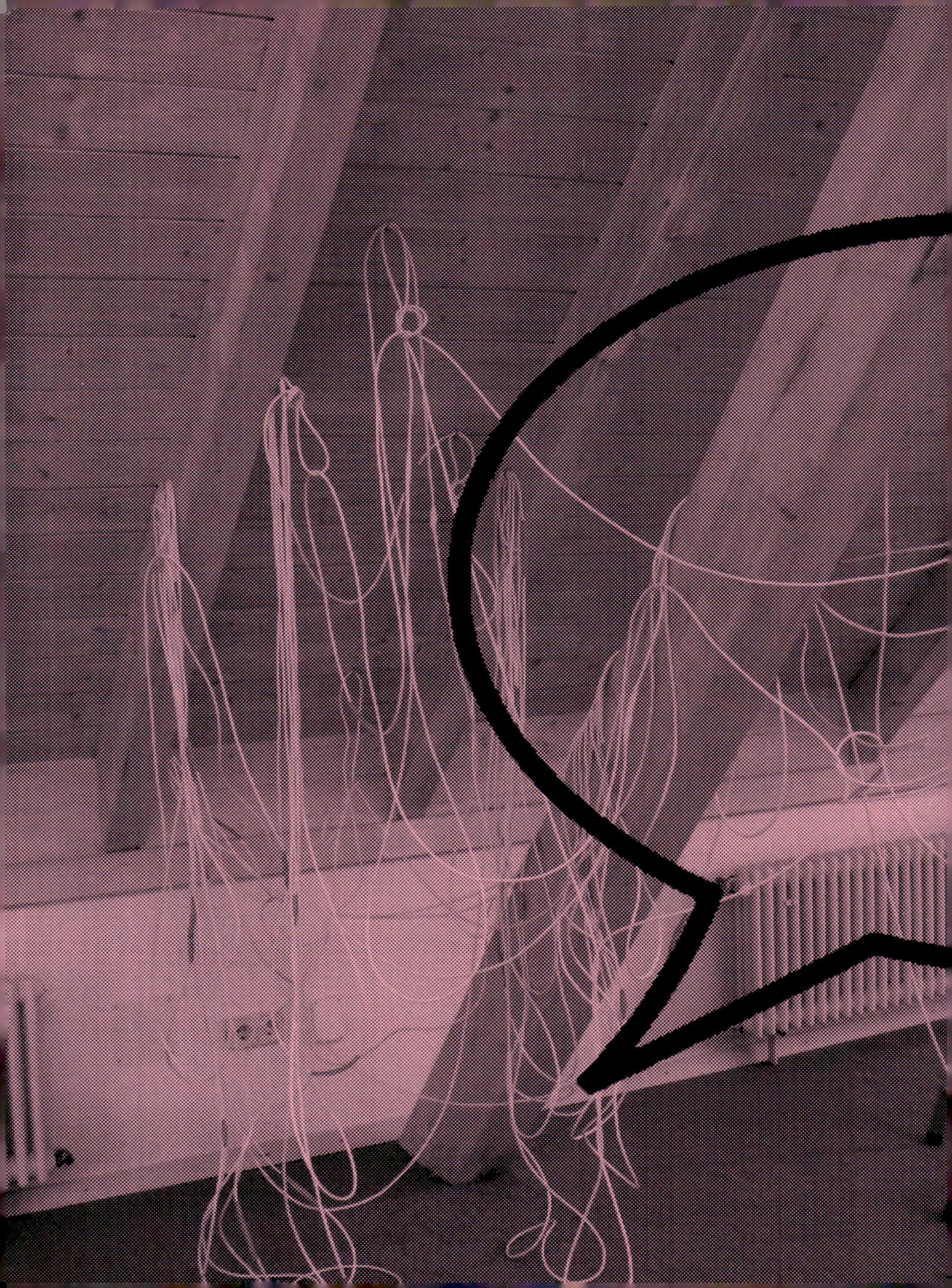

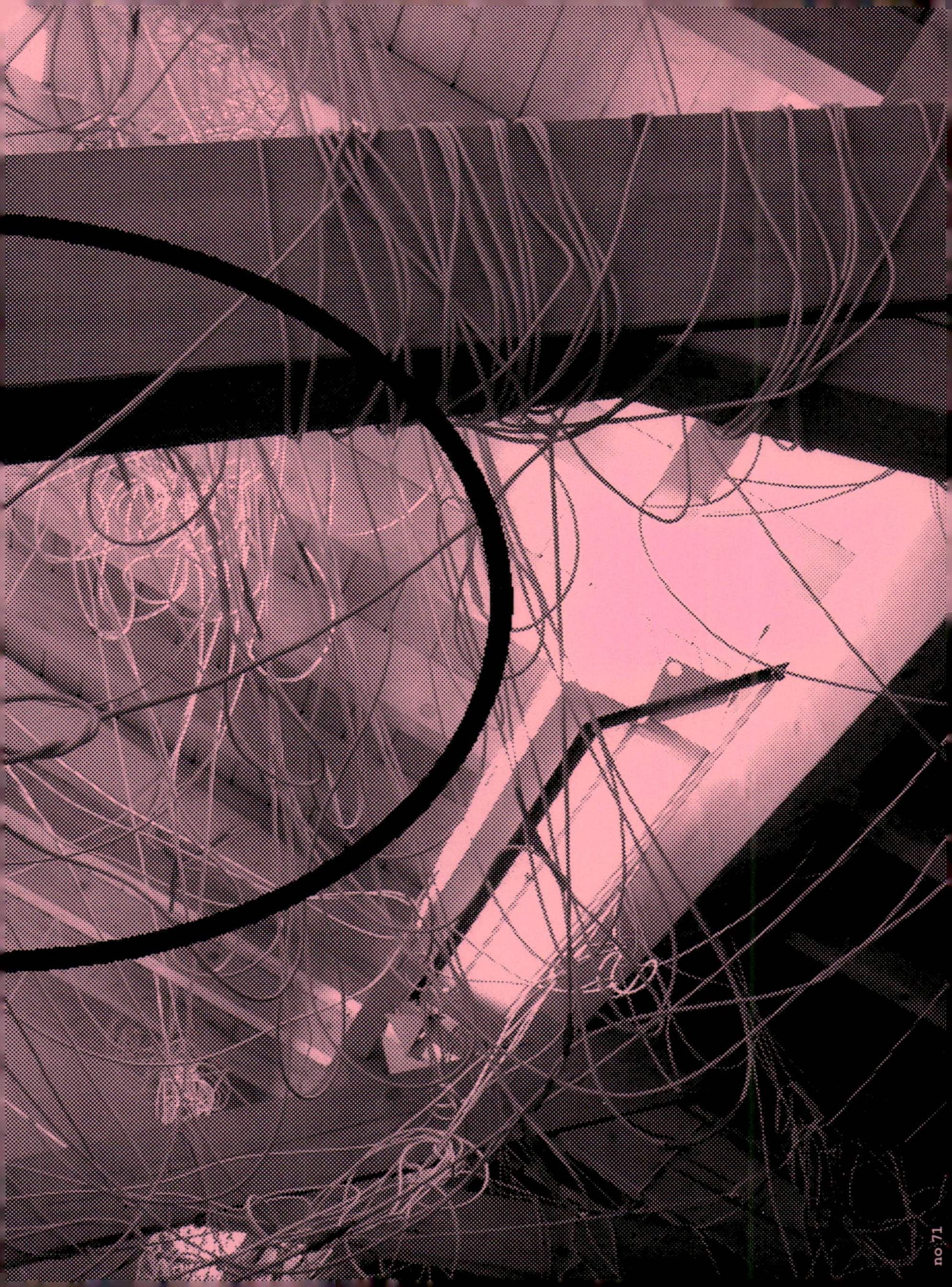

no.71

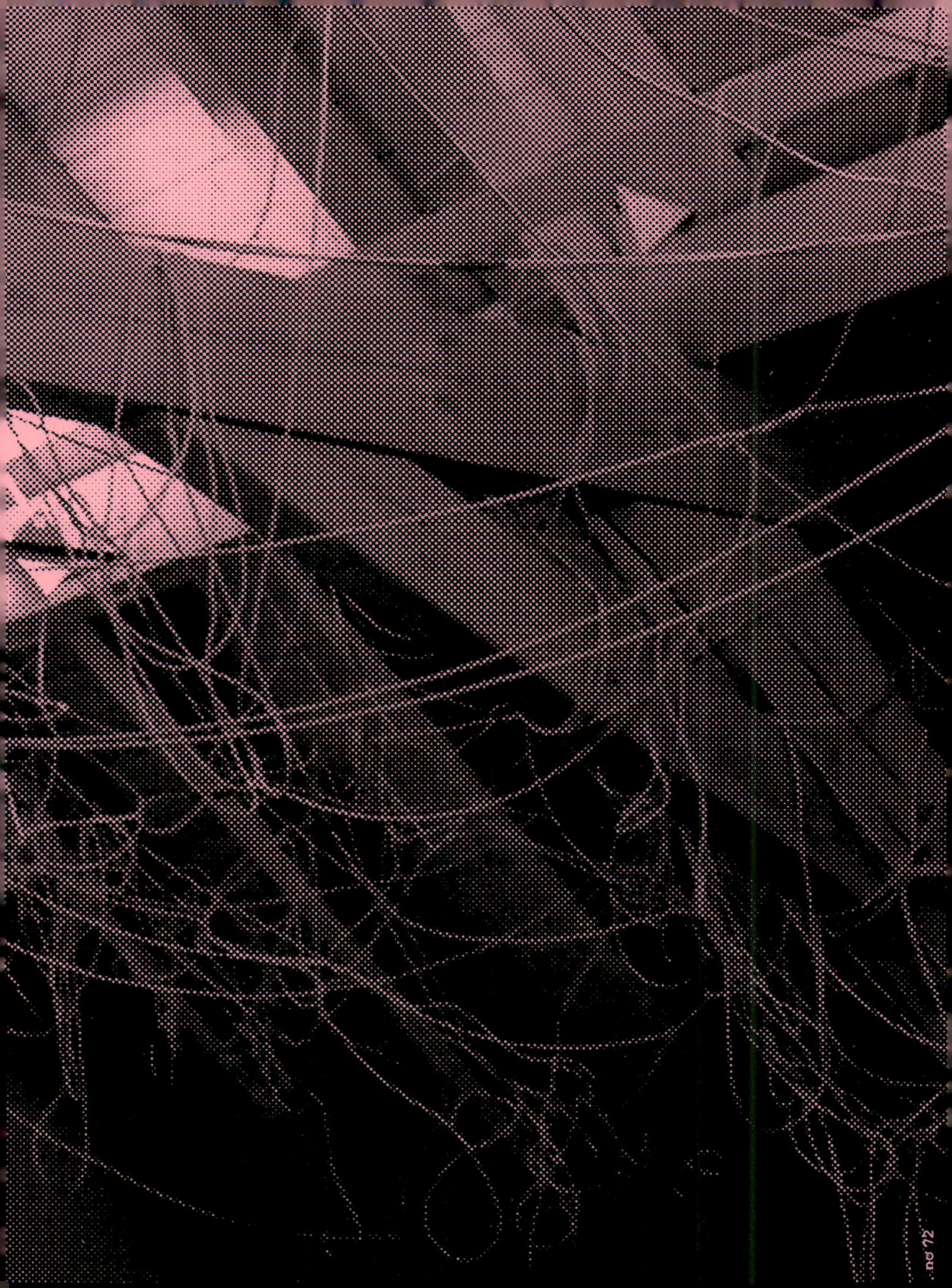
nº 72

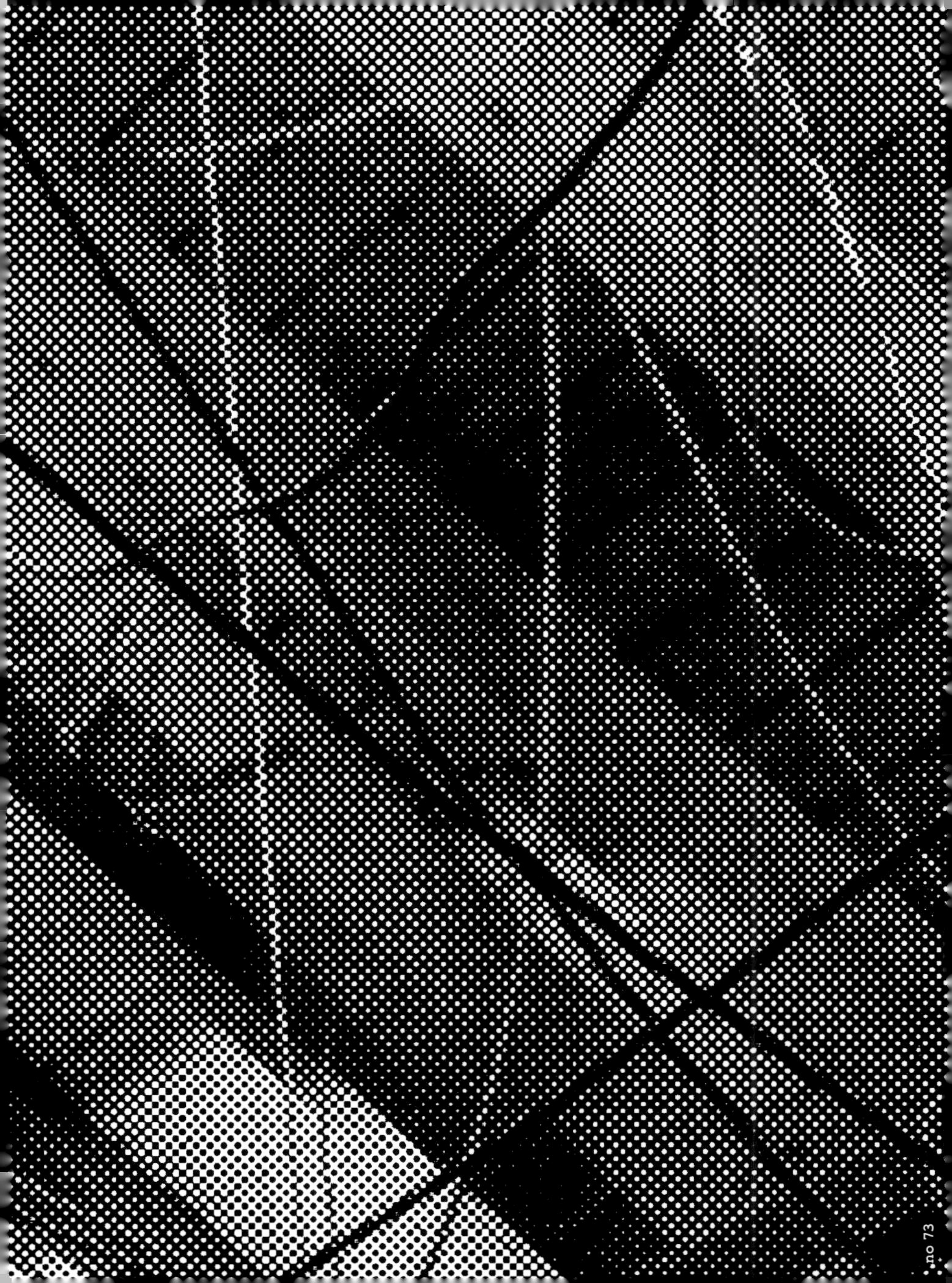
no 73

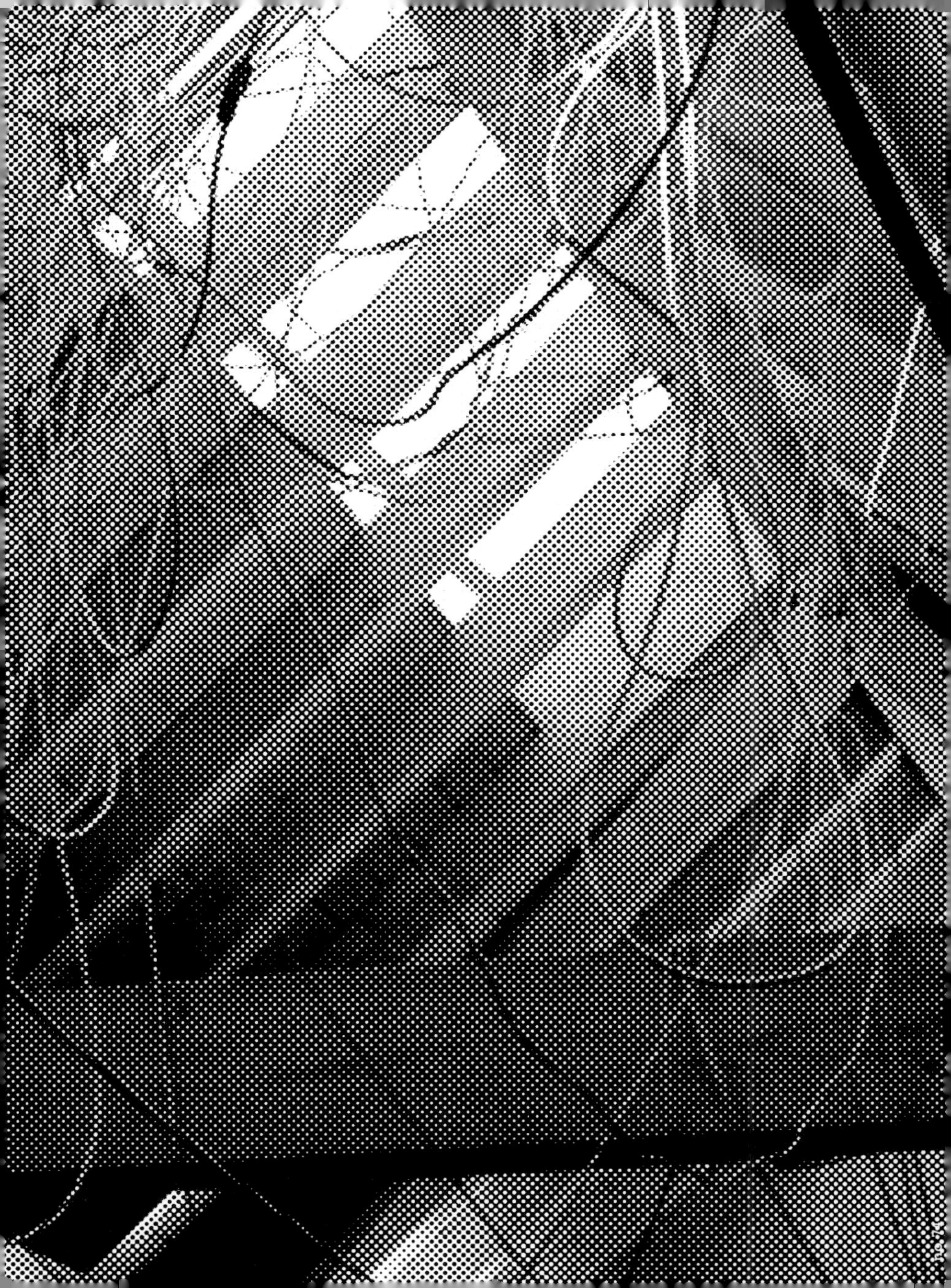

no. 74

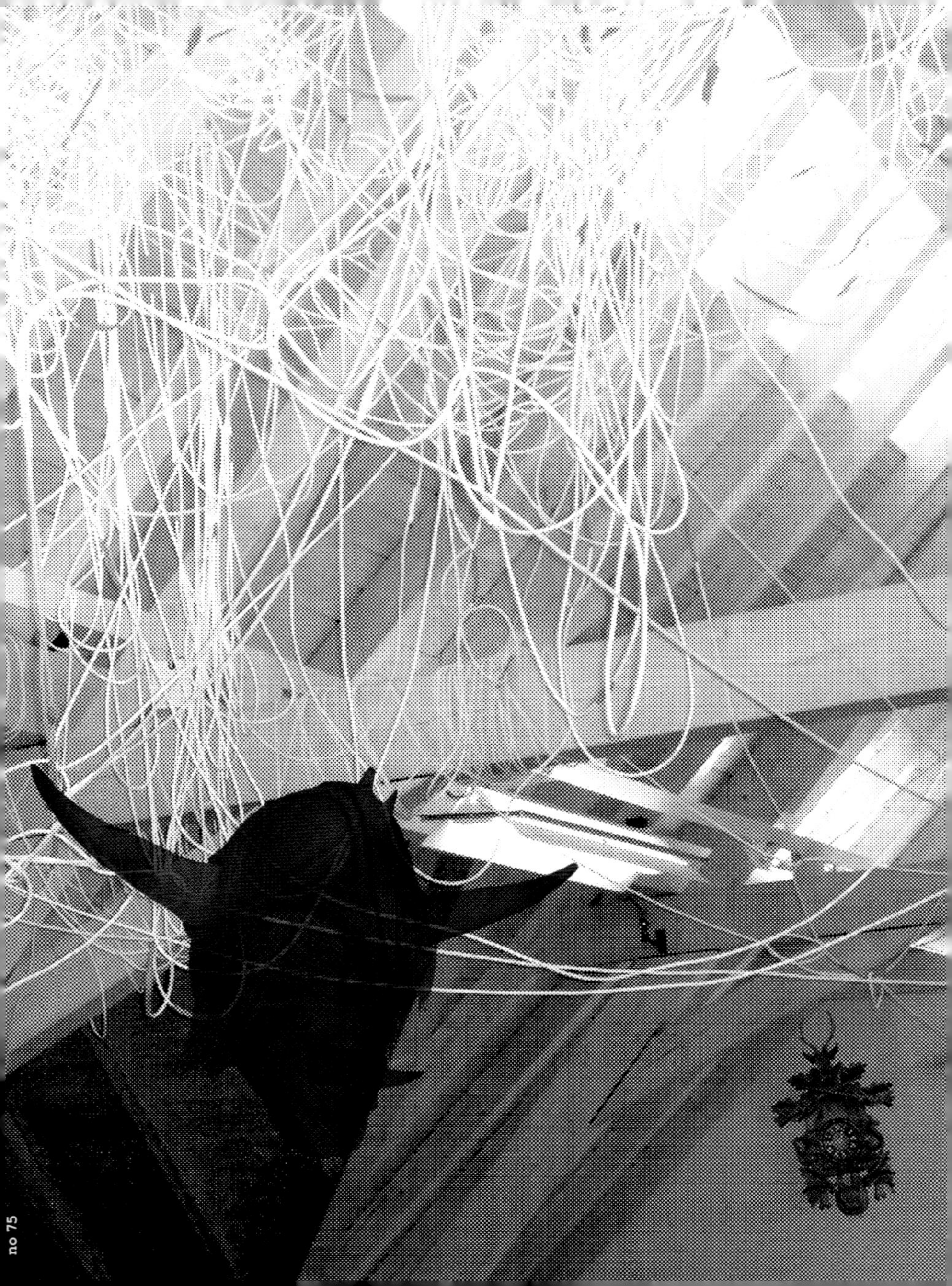

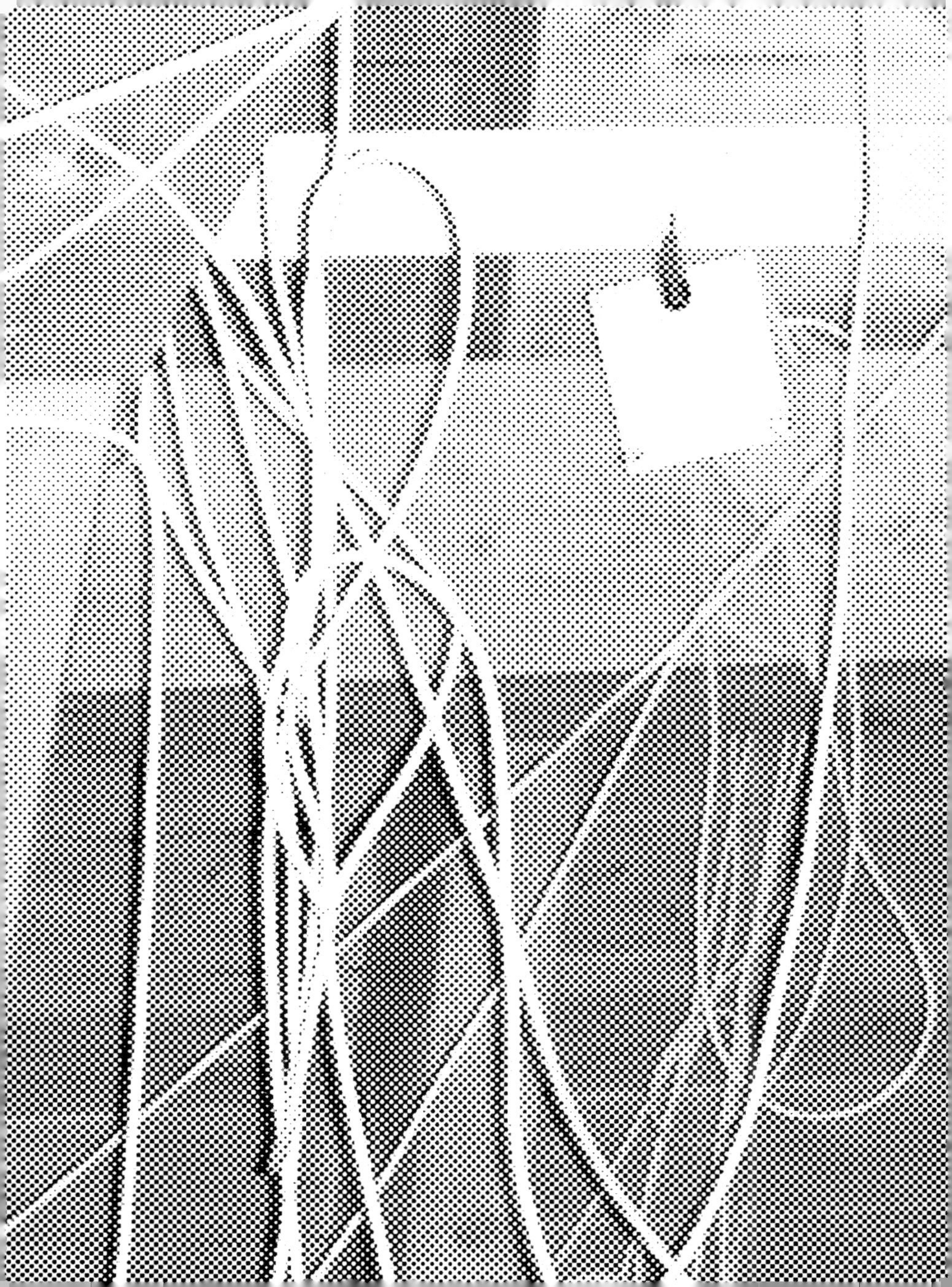

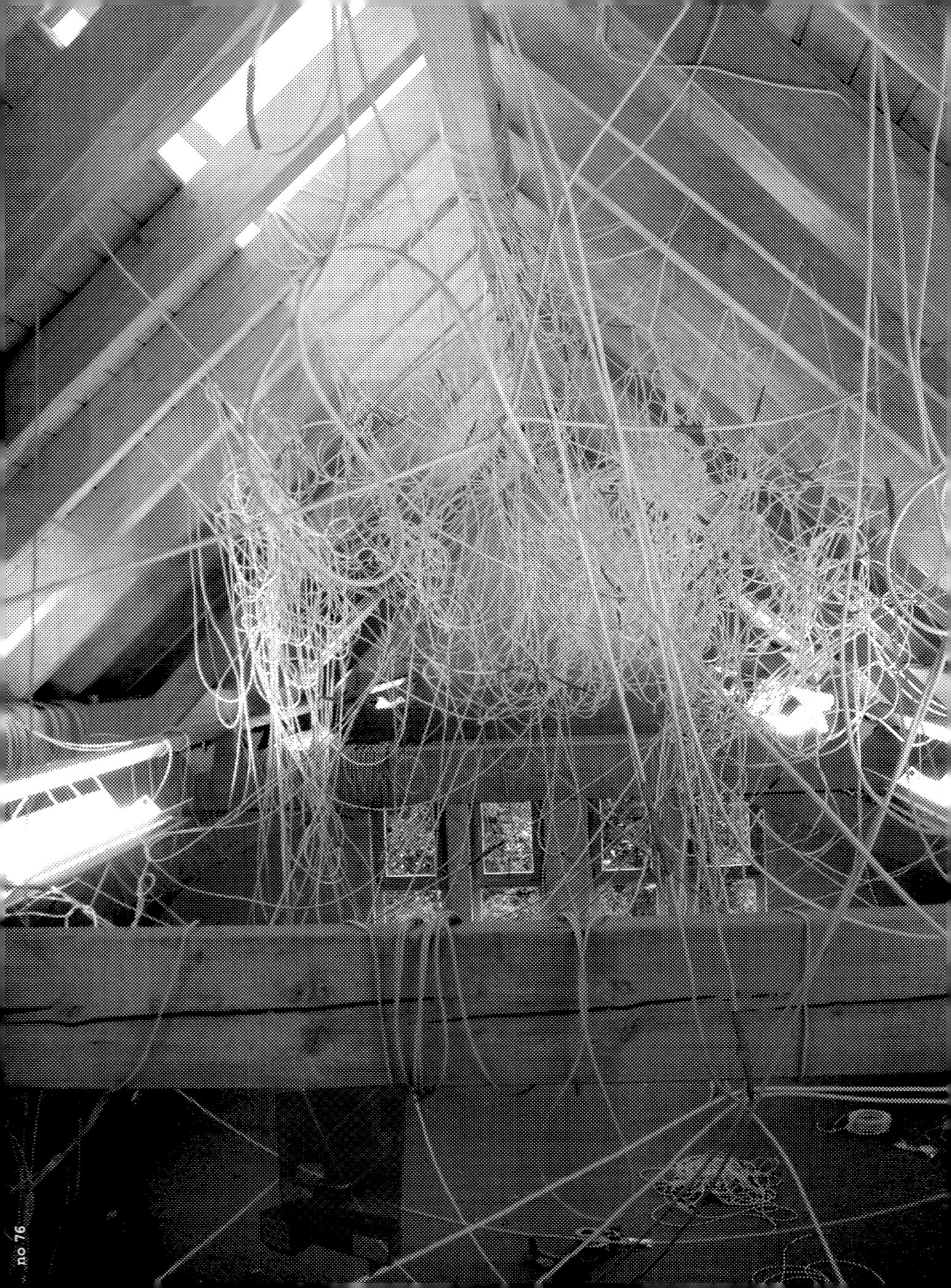

no 76

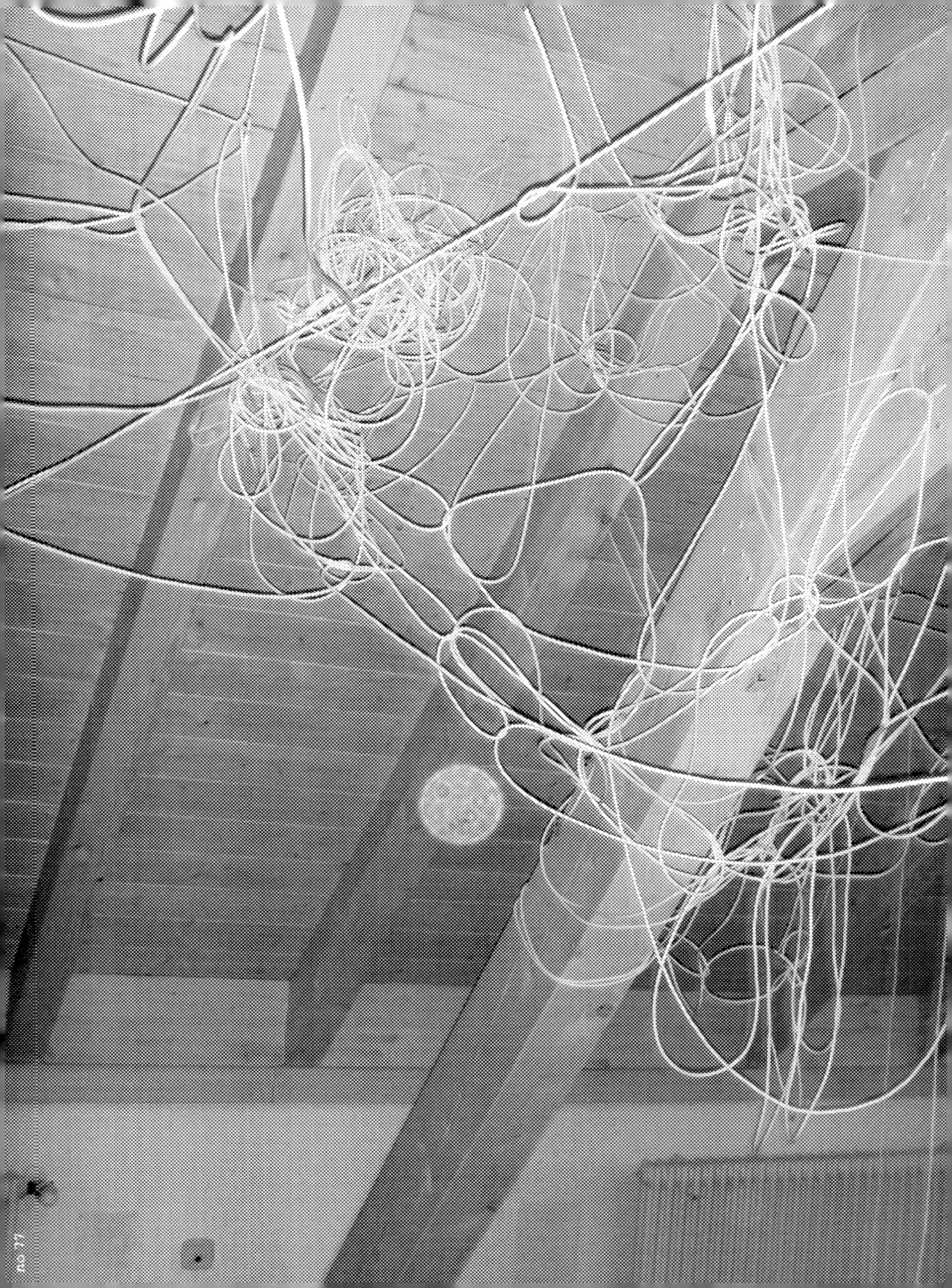
no 77

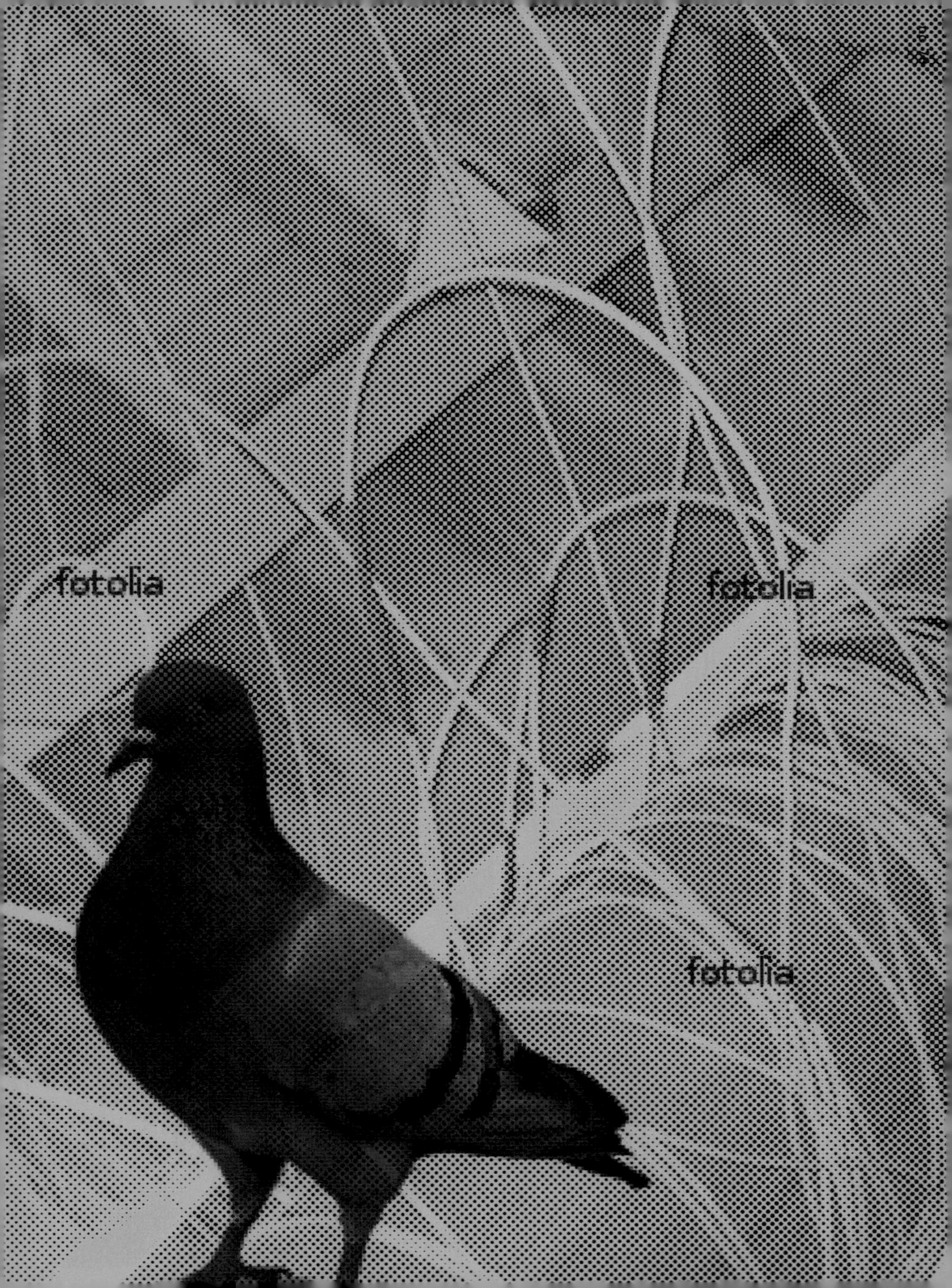
fotolia
fotolia
fotolia

fotolia

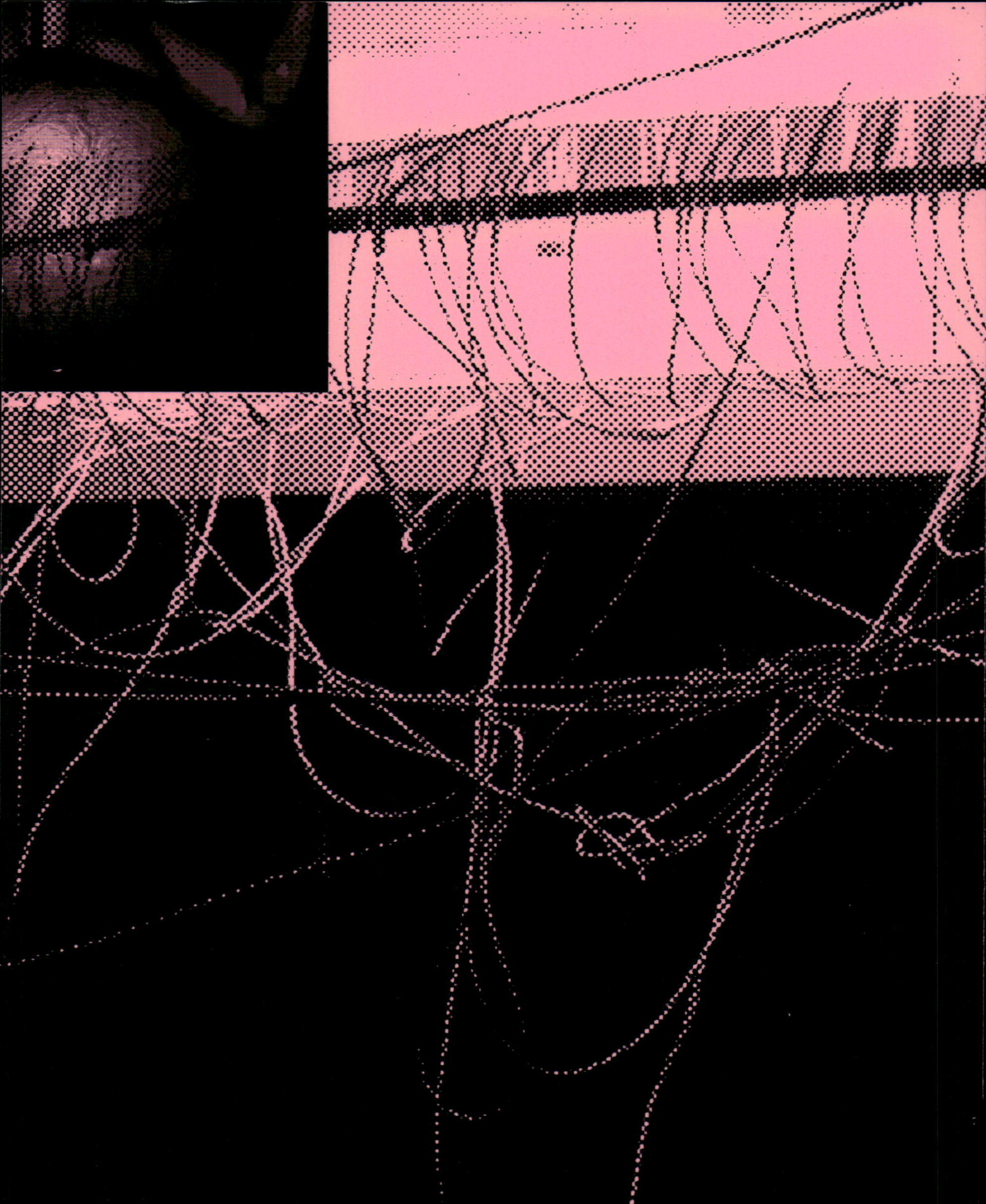

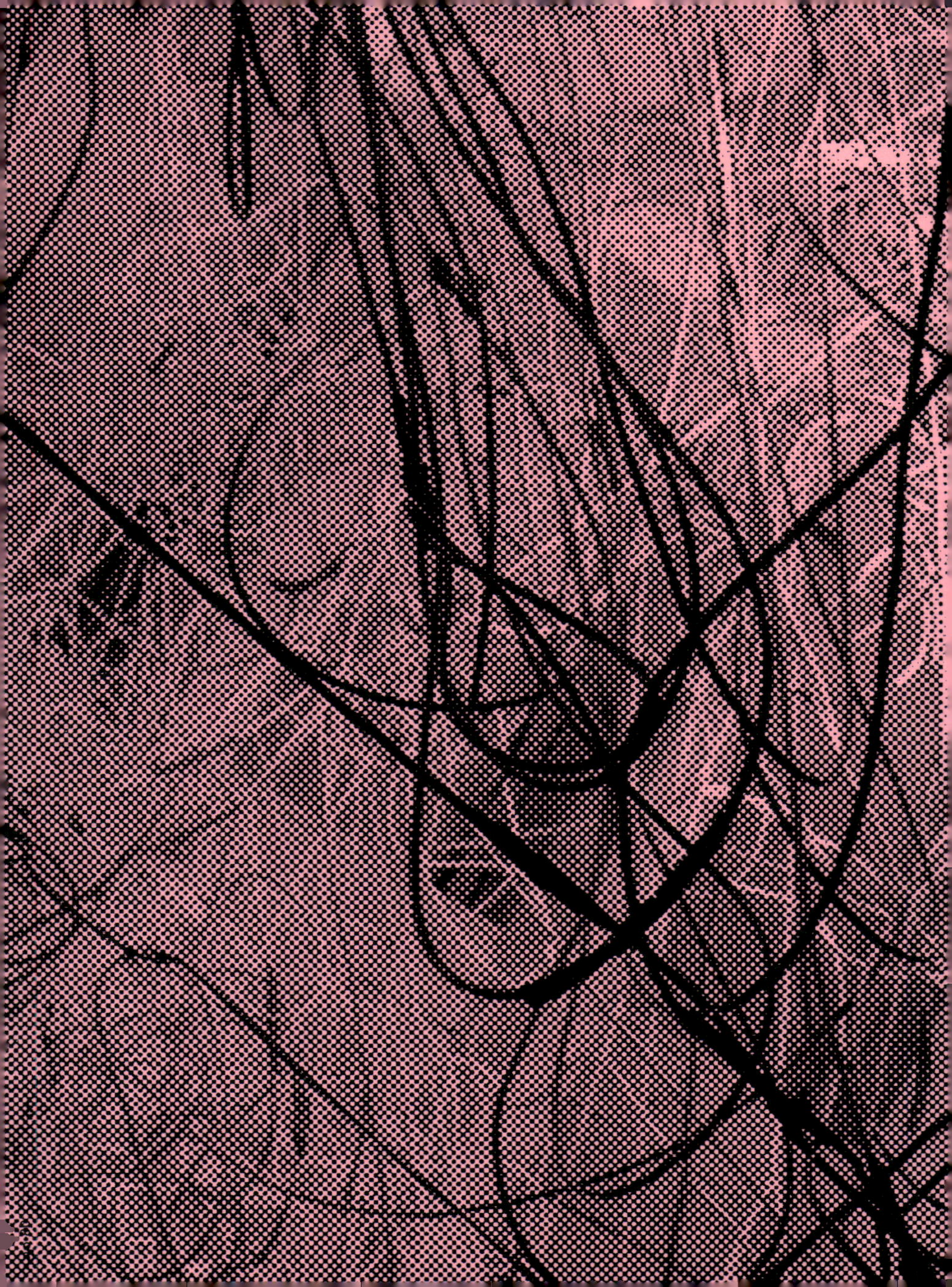

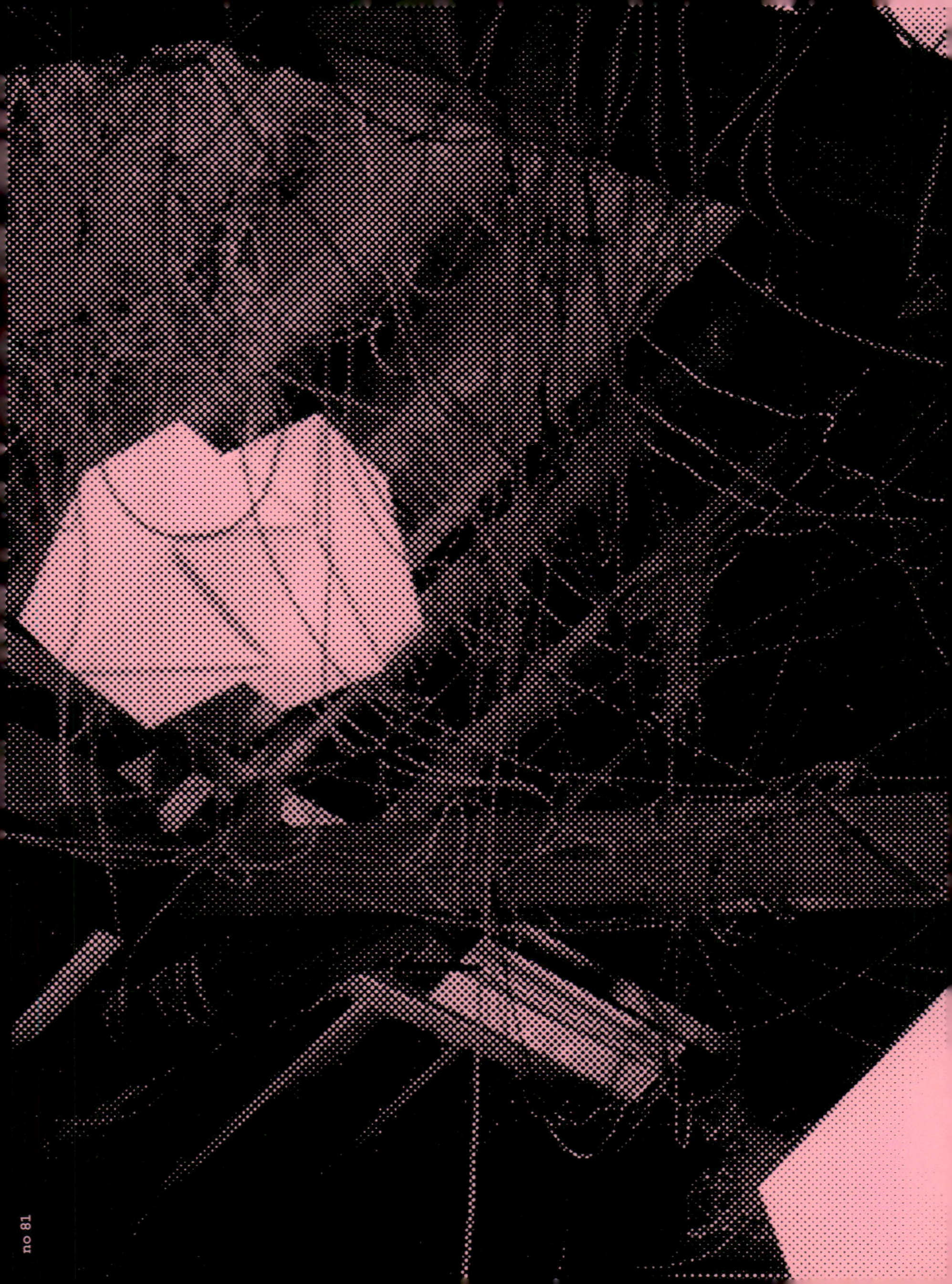

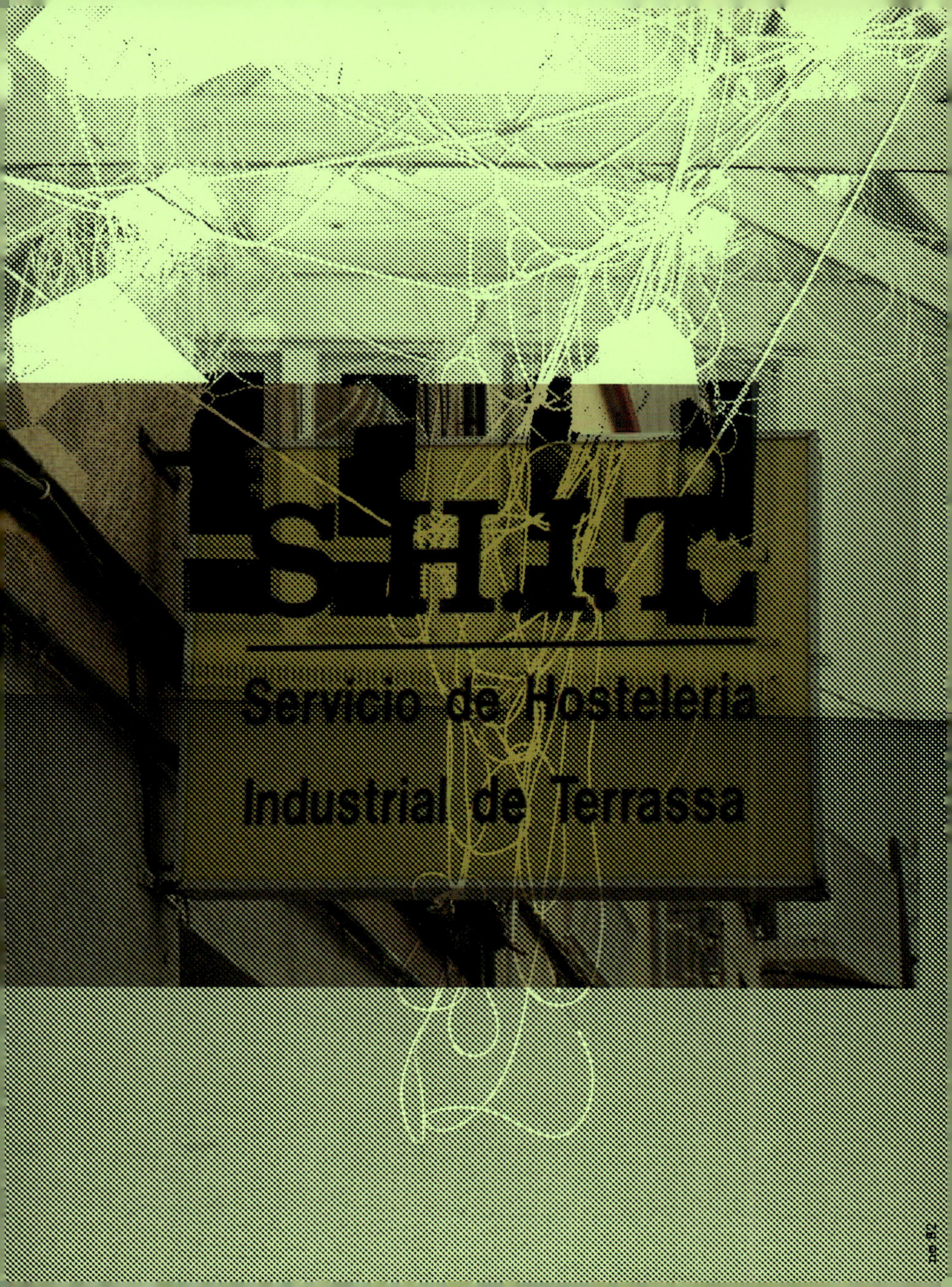
S.H.I.T
Servicio de Hosteleria
Industrial de Terrassa

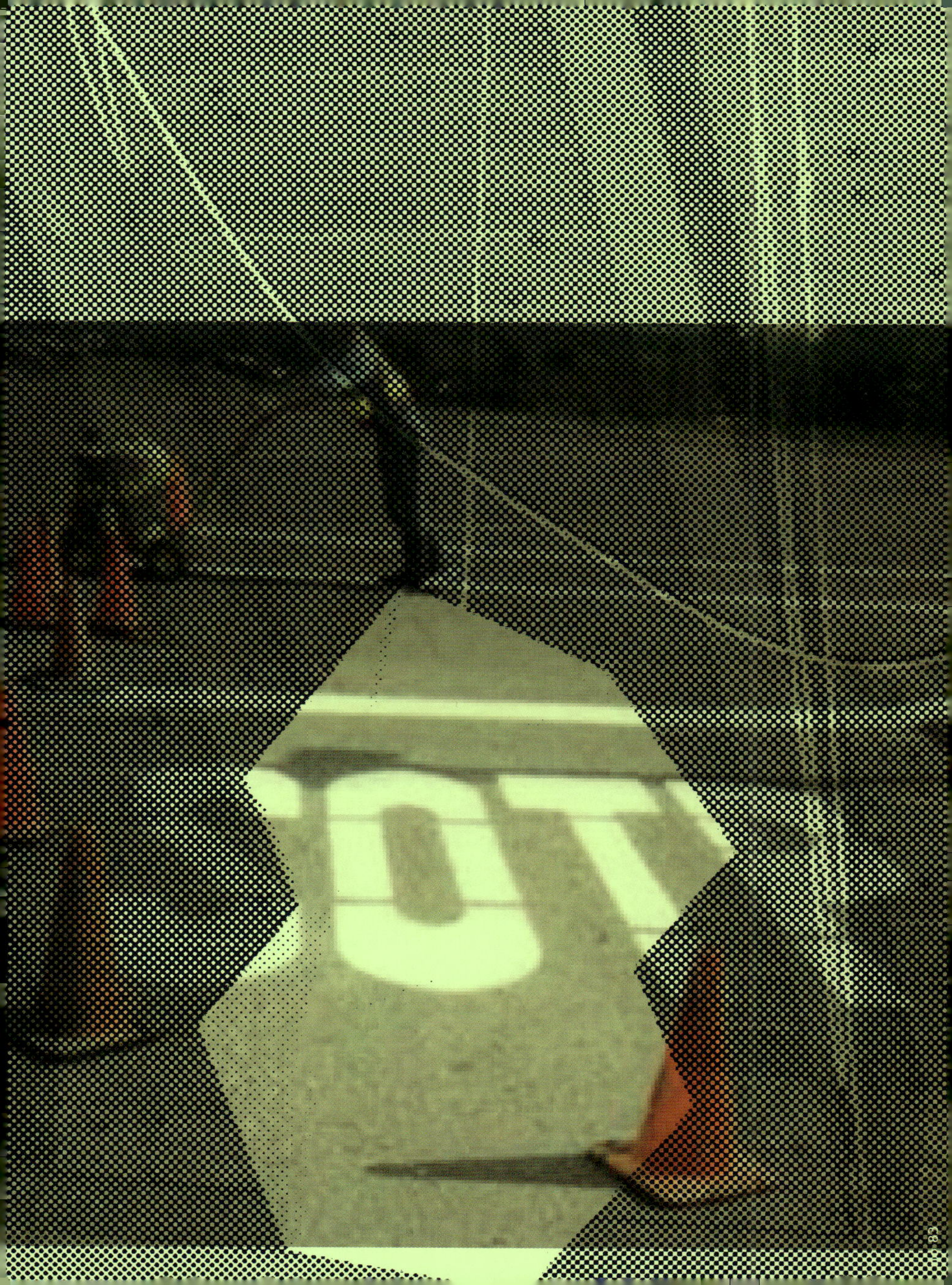

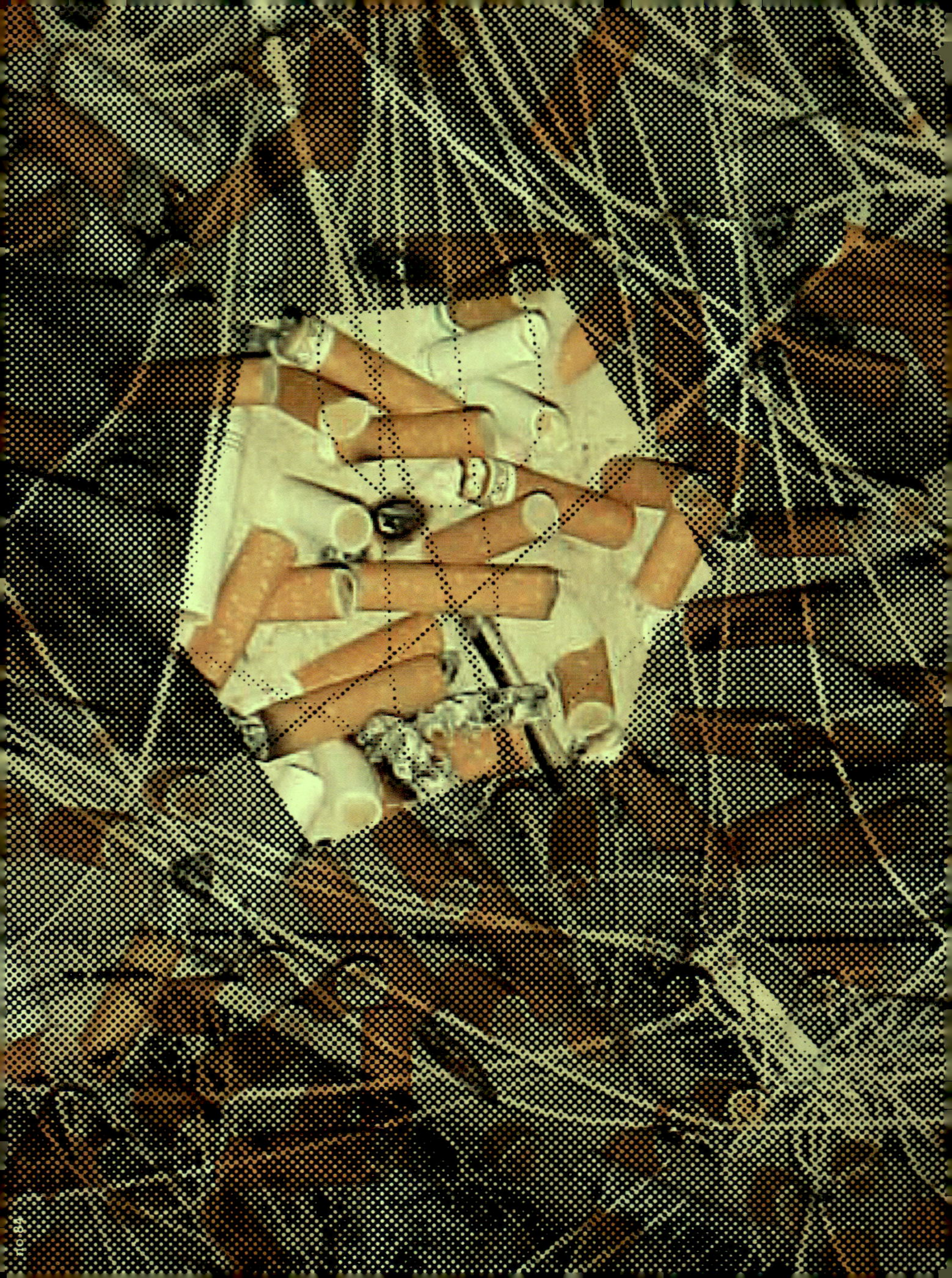
no 84

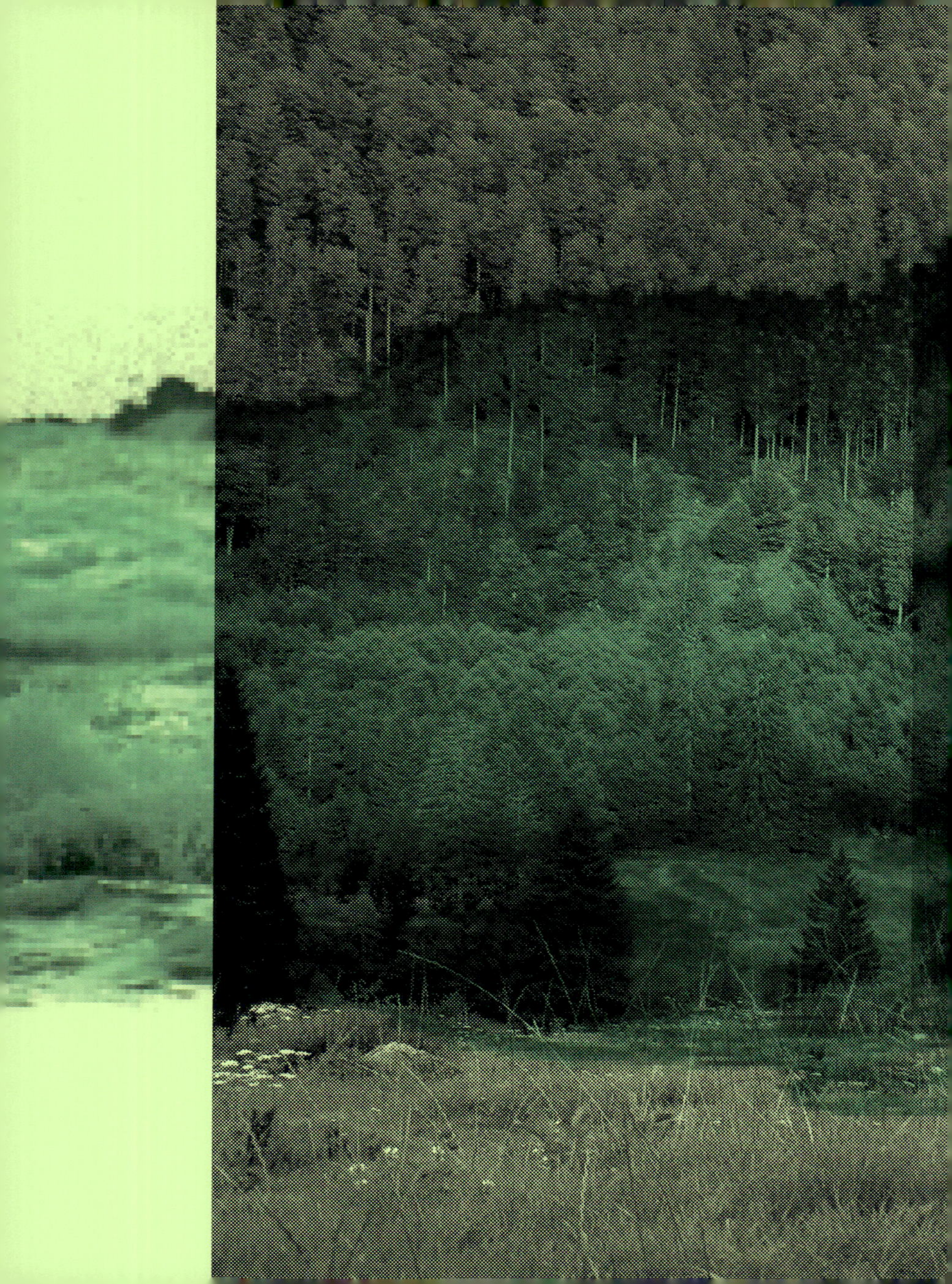

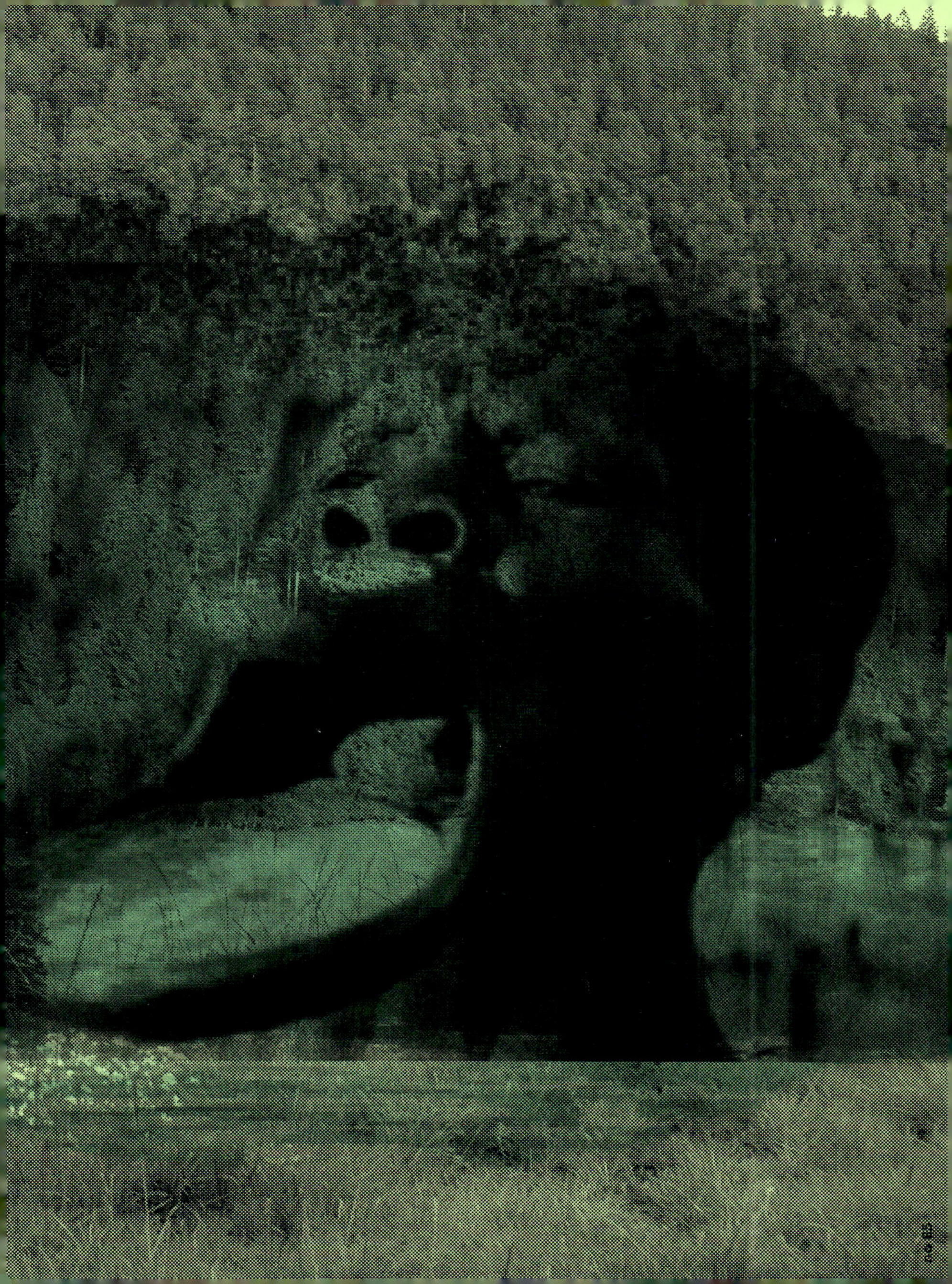

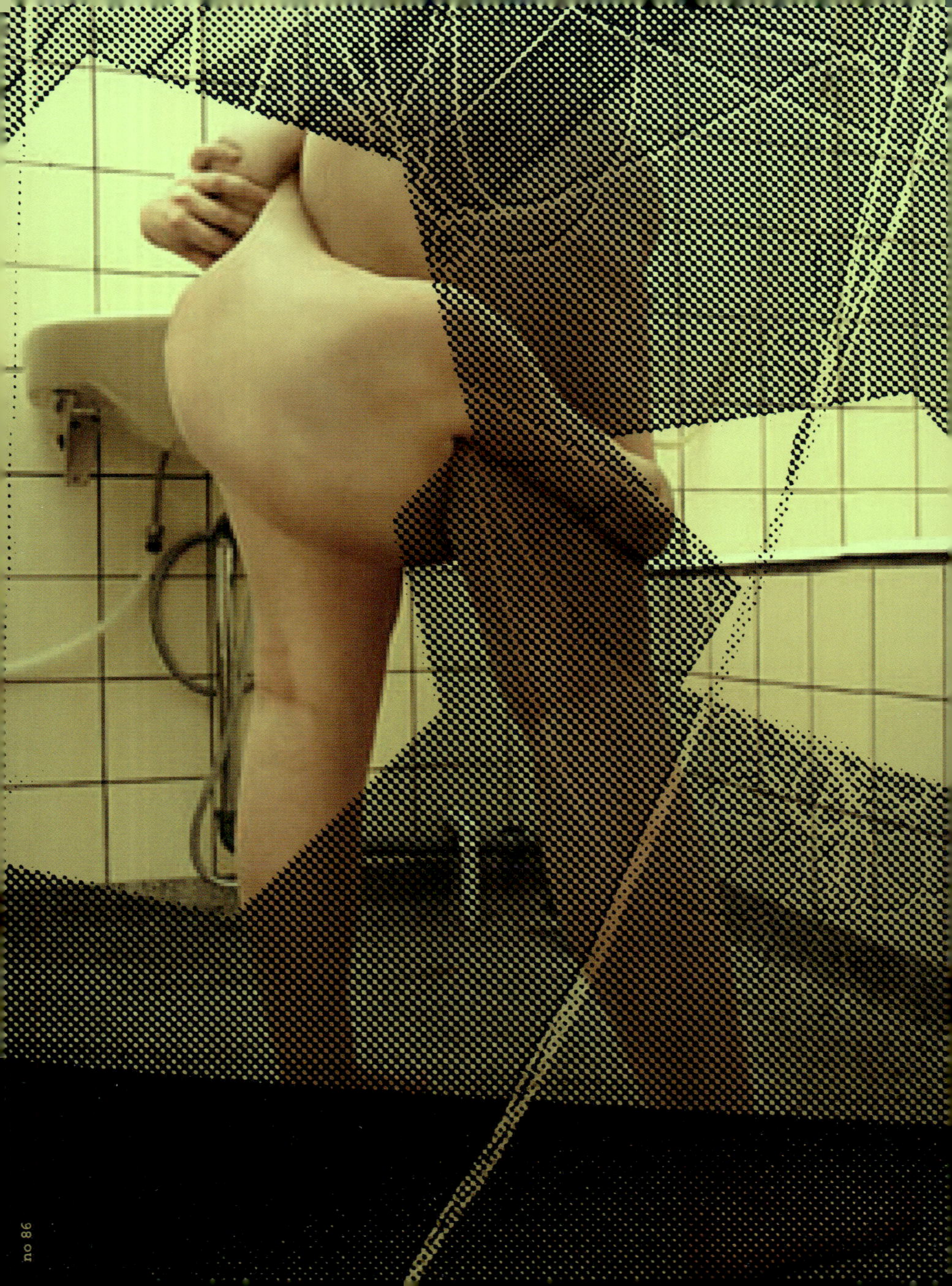
no 86

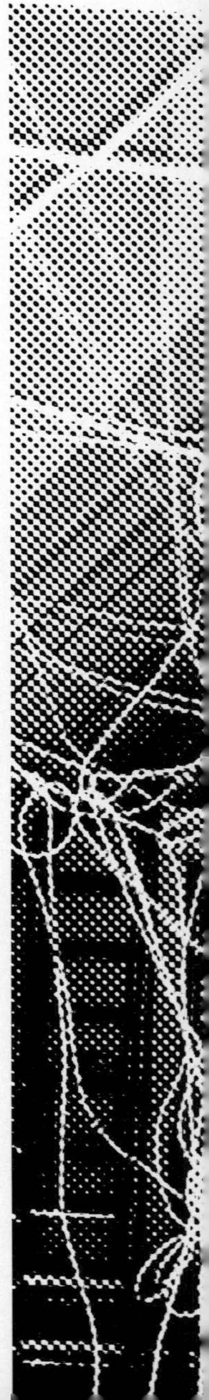

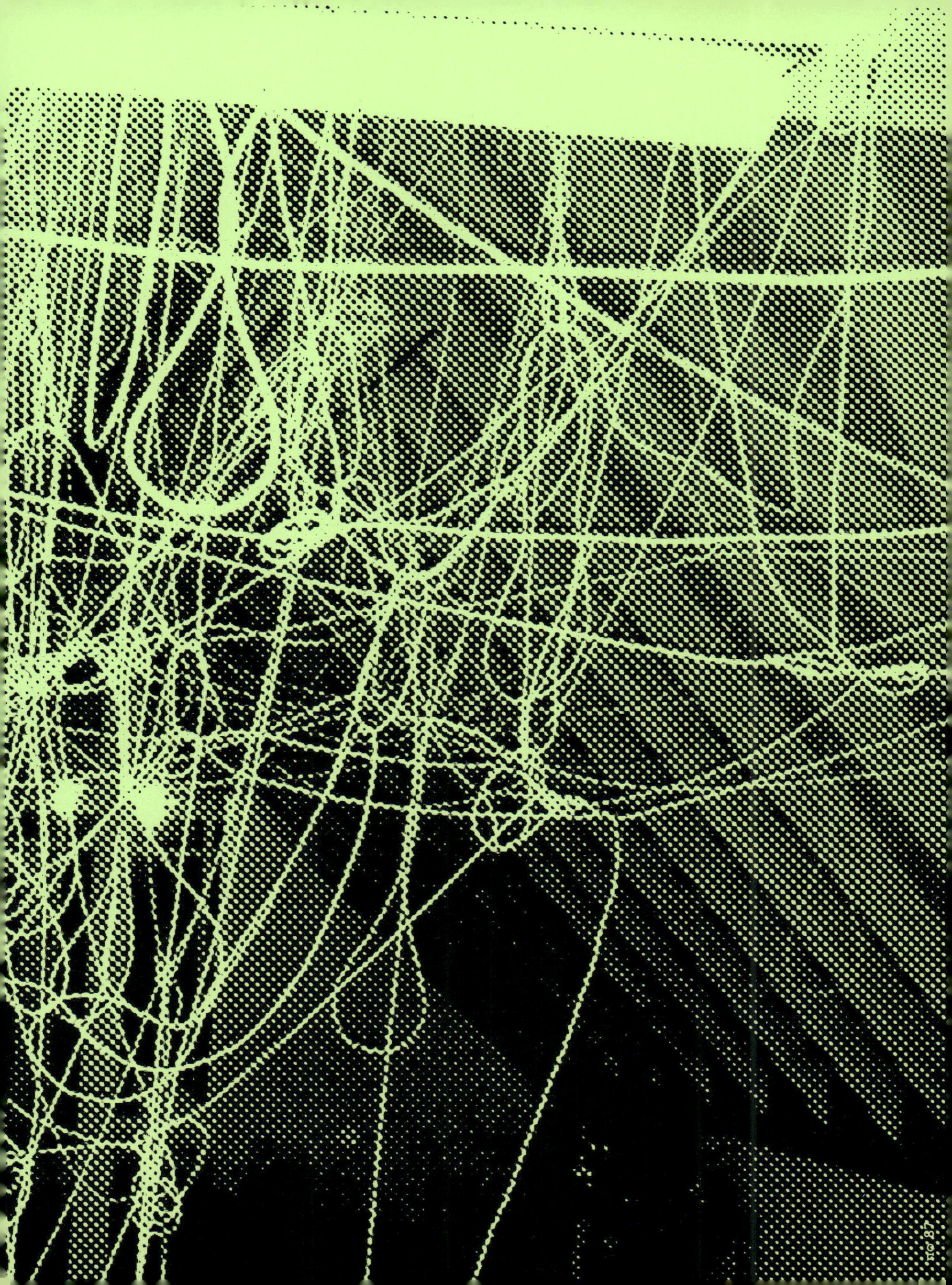

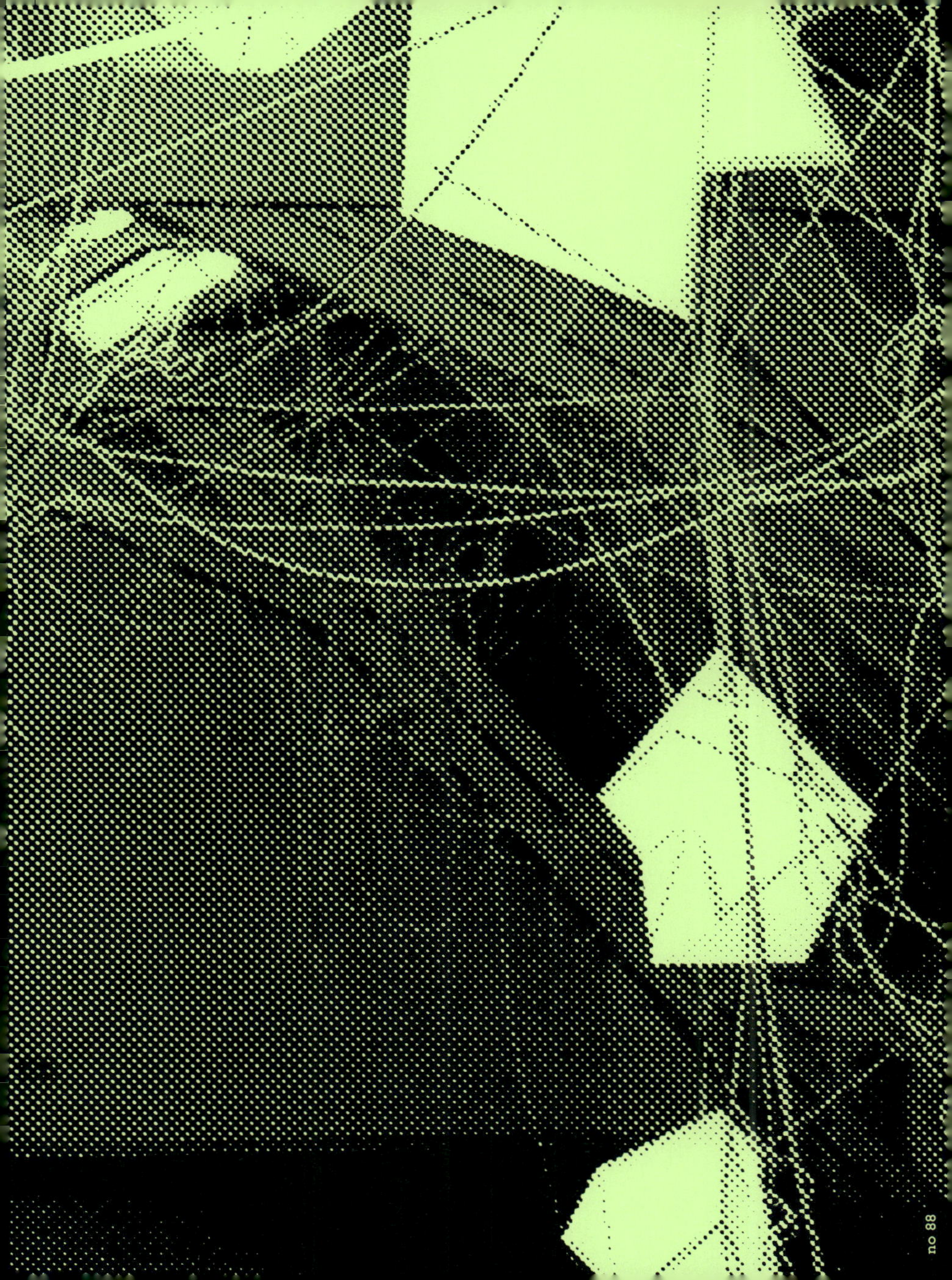

no 88

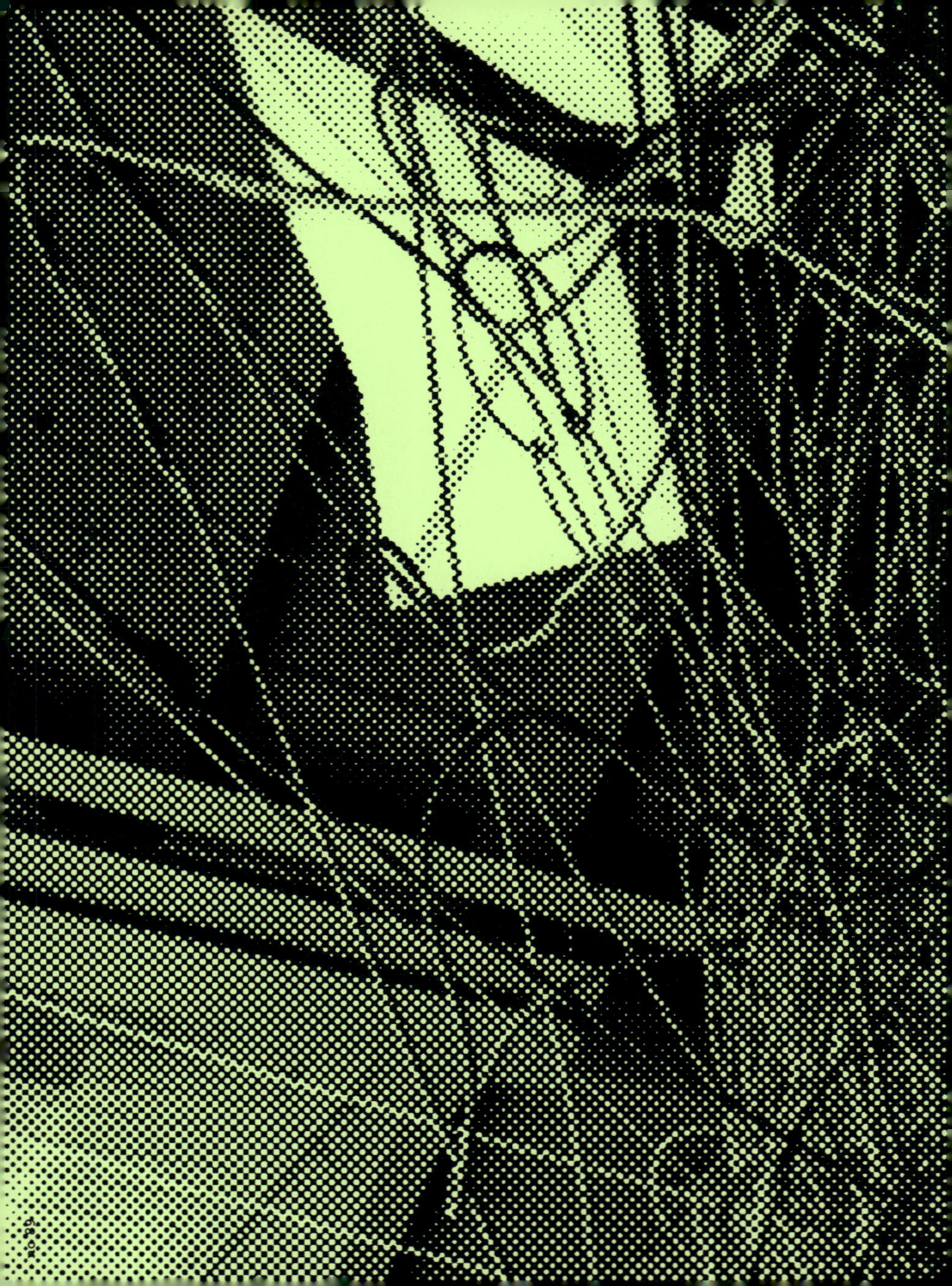

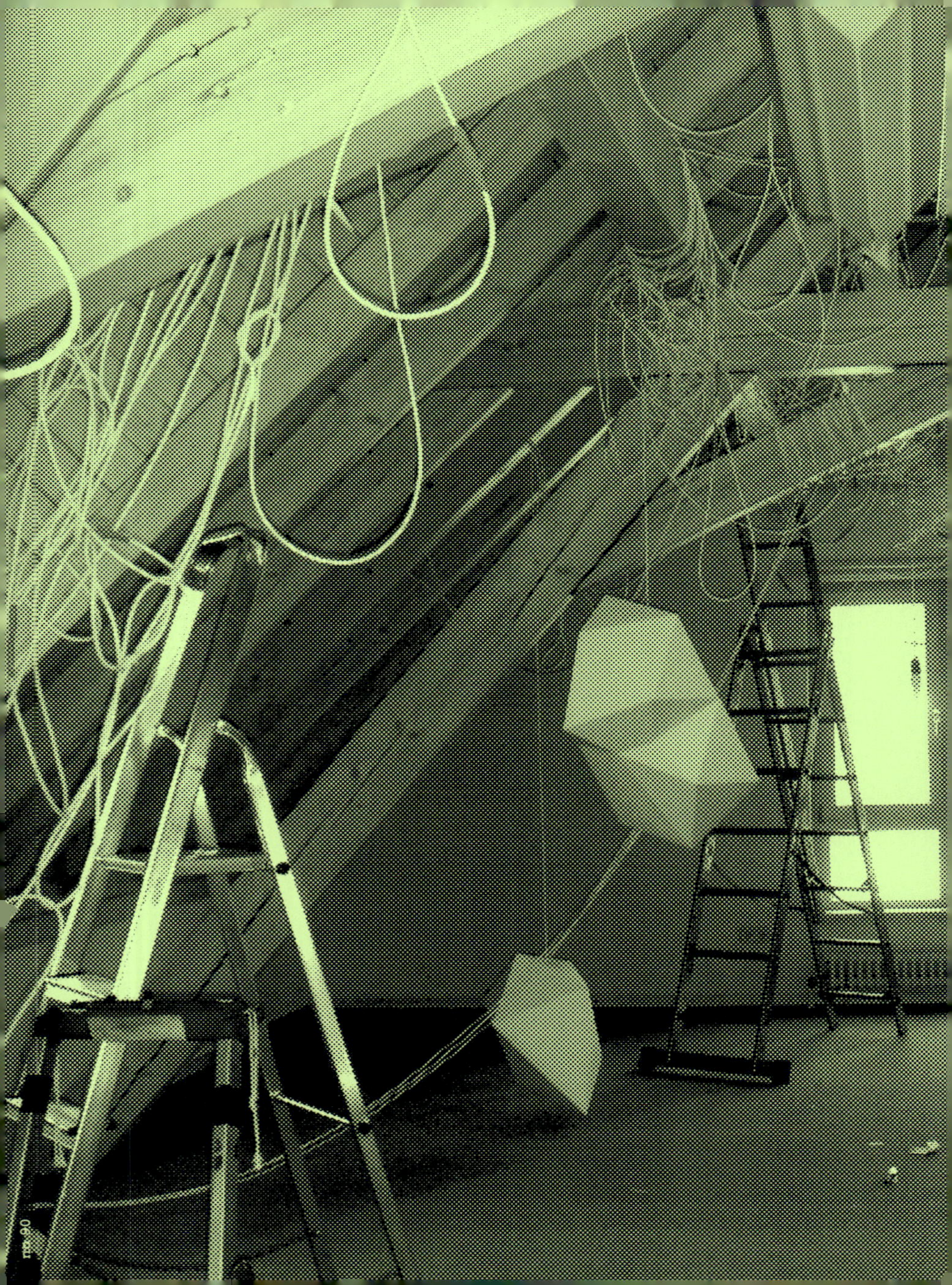

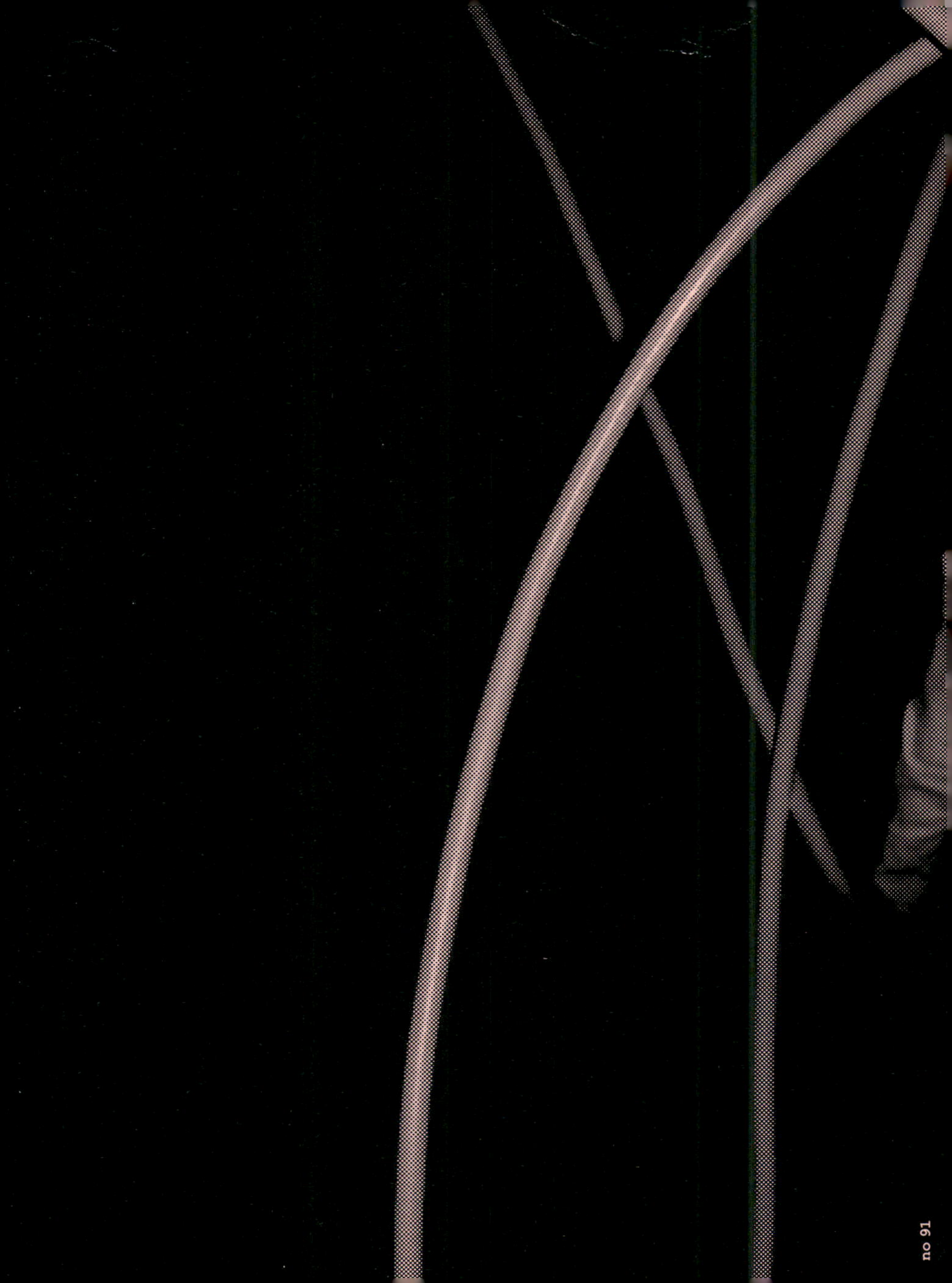

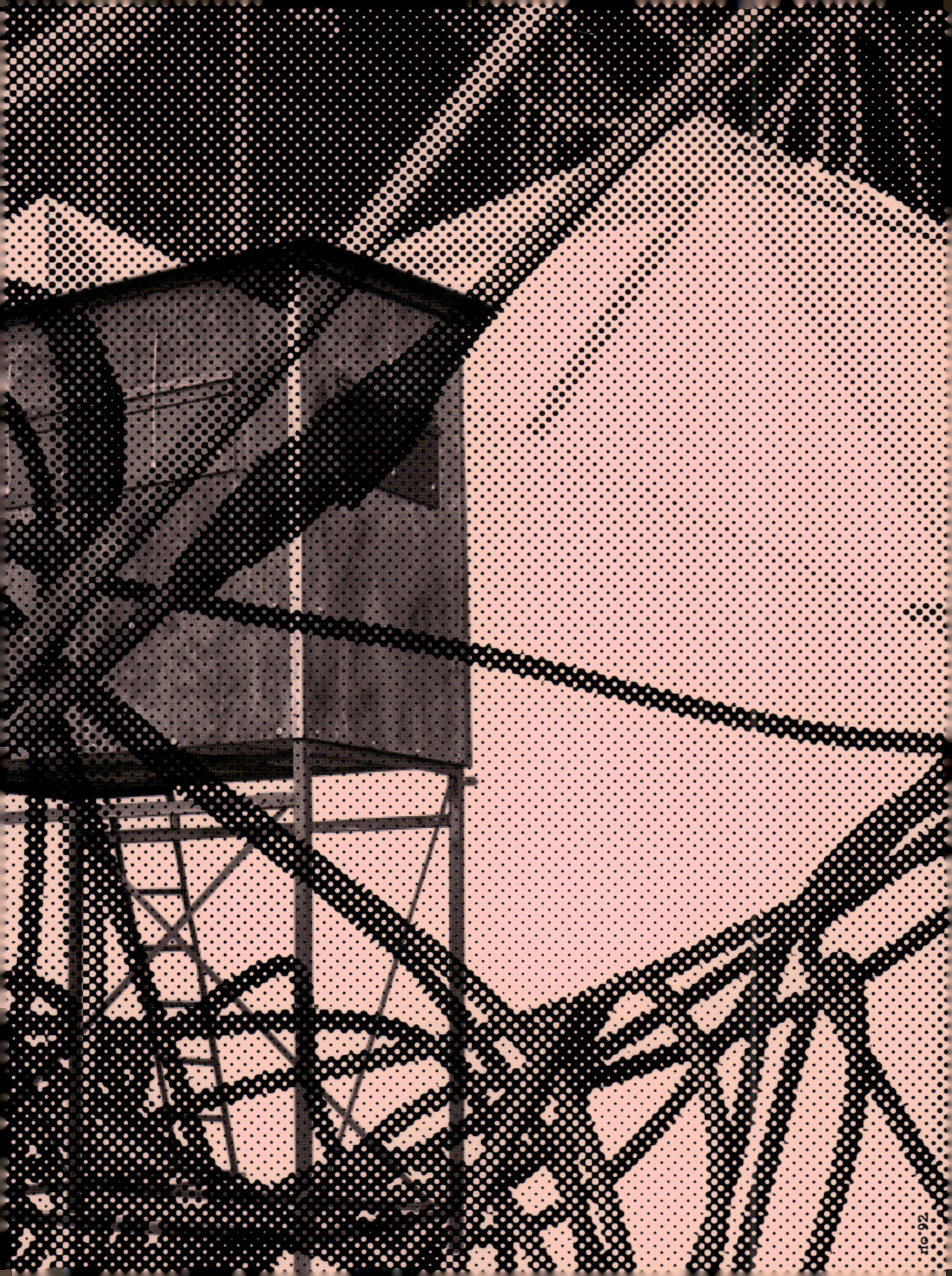

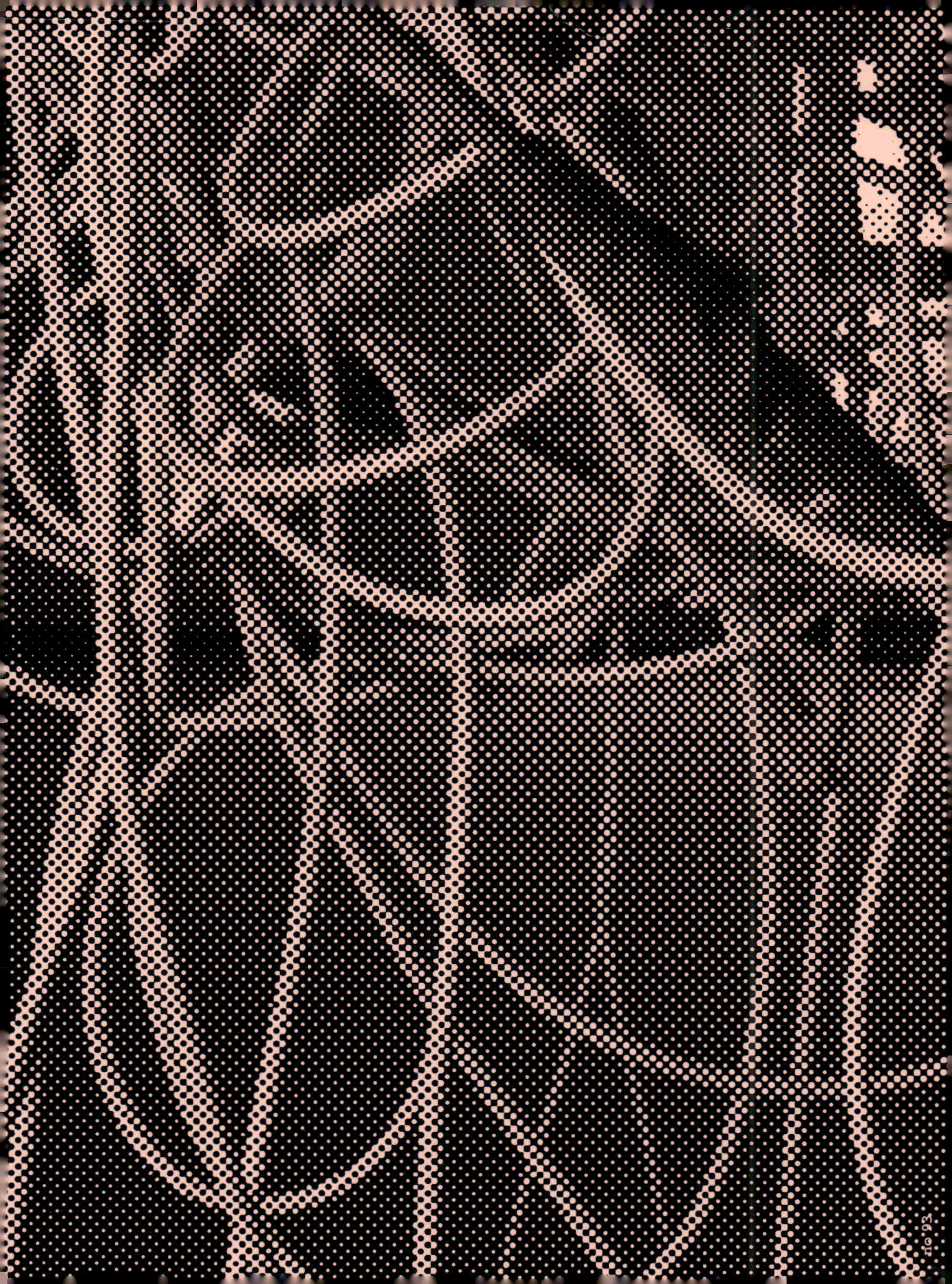

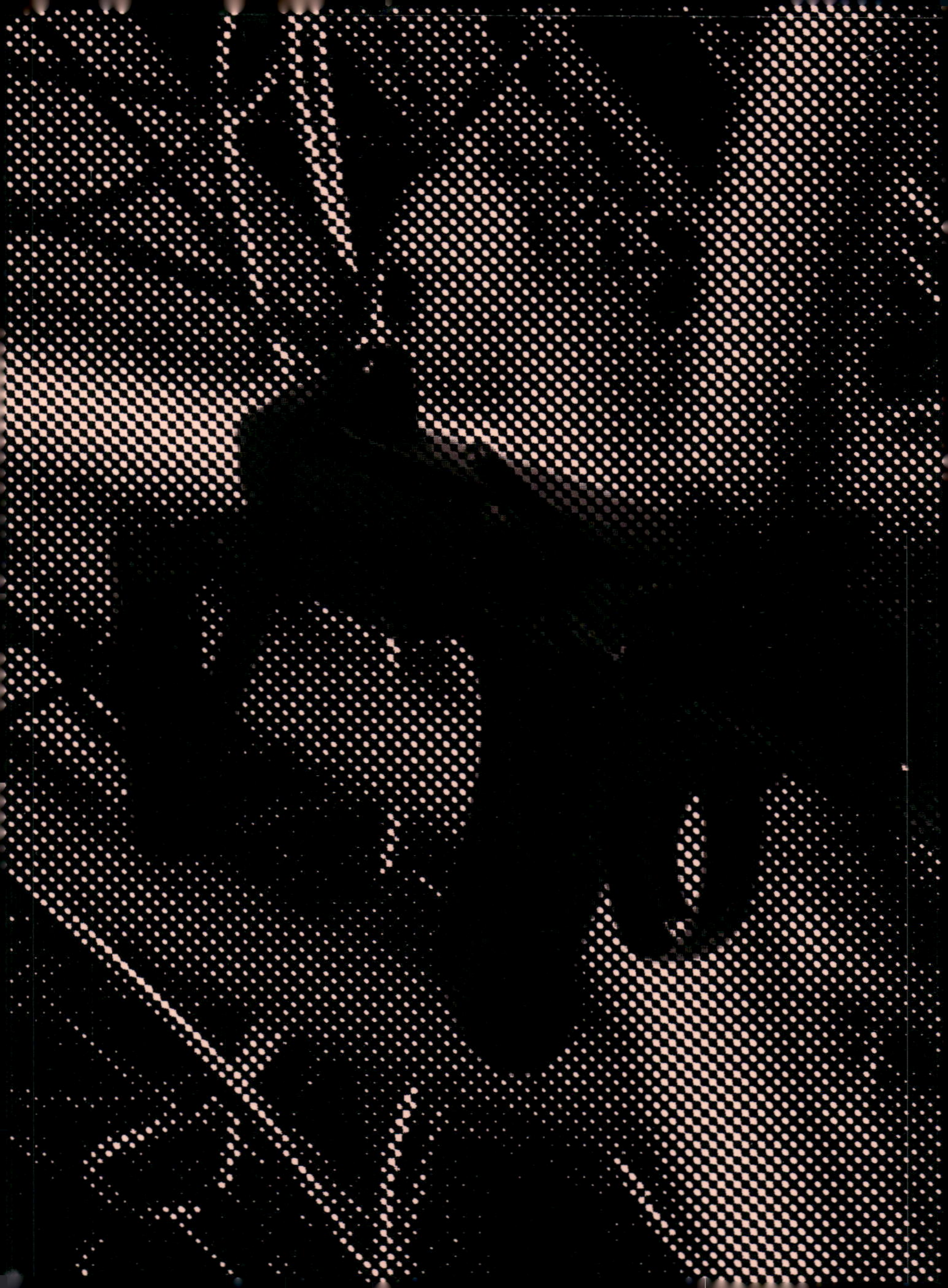

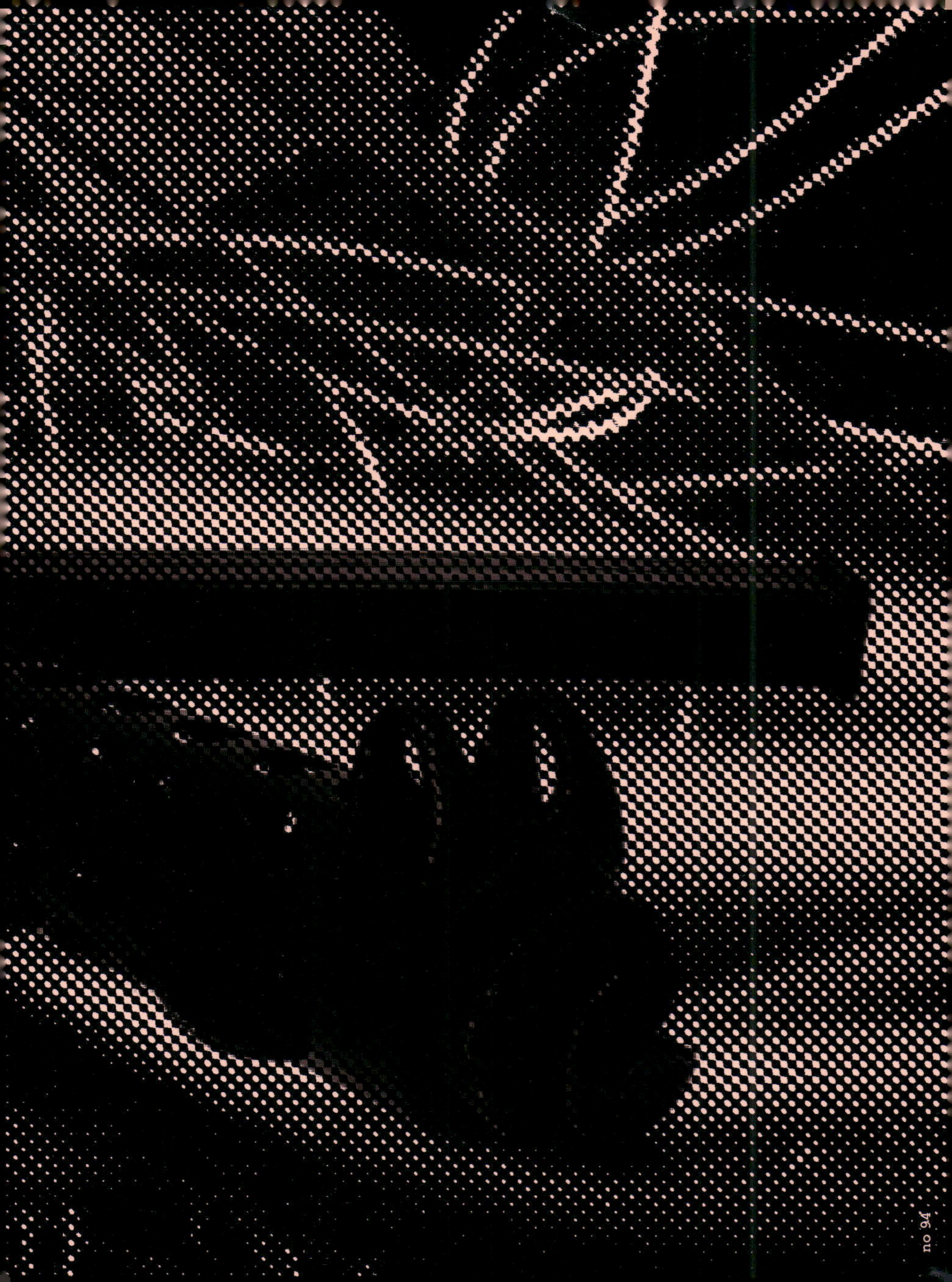
no 94

Impressum

Dieses Künstlerbuch erscheint anlässlich der Verleihung des Hans-Thoma-Preises 2009 an Tobias Rehberger und der mit dem Preis verbundenen Ausstellung im Hans-Thoma-Museum in Bernau im Schwarzwald.

Hans-Thoma-Preis 2009: Tobias Rehberger
9. August – 20. September 2009

Mitglieder der Jury des Hans-Thoma-Preises 2009
Dr. Dietrich Birk MdL, Prof. Erwin Gross, Michael Hübl, Karola Kraus, Sean Rainbird, Rolf Schmidt, Dr. Barbara Stark

Herausgeber
Staatliche Kunsthalle Baden-Baden

Ausstellungskonzeption
Tobias Rehberger, Karola Kraus

Projektassistenz
David Riedel, Lutz Bantel

Ausstellungsaufbau
Jörg Burzinski, Carmen Gheorghe, Robert Rosenfelder

Grafische Gestaltung
www.veryvery.de

Verlagskoordination
Uta Grosenick, Bernd Müller

Produktion
Marcus Muraro

Gesamtherstellung
GZD Design Press, Ditzingen

Erschienen im
DuMont Buchverlag, Köln
www.dumont-buchverlag.de

ISBN 978-3-8321-9315-7
Printed in Germany